# 働く女性たちへ

勇気と行動力で人生は変わる

佐々木常夫 著

WAVE出版

# 働く女性たちへ　勇気と行動力で人生は変わる

## はじめに　女性の勇気と行動力こそが世のなかを変える

「女性がもっと社会で活躍すべき」という声が上がって久しく時が経っています。安倍総理は女性の活躍を成長戦略のキーワードのひとつに揚げ、次のようなスピーチをしました。

「優秀な人材には、どんどん活躍してもらう社会をつくる。そのことが、社会全体の生産性を押し上げます。

現在、最も活かしきれていない人材とは何か。それは〝女性〟です。私は女性の活躍は〝成長戦略〟の中核をなすものであると考えています。

女性のなかに眠る高い能力を、十二分に開花させていただくことが、閉塞感の漂う日本を、再び成長軌道に乗せる原動力だ、と確信しています」
（2013年4月19日、「成長戦略スピーチ」）

また、IMFのラガルド専務理事は、日本の女性に次のような応援メッセージを送っています。

「日本には、まだ労働市場に参加していない、役員に昇進していない、その潜在能力を完全に引き出せていない才能にあふれた女性たちが存在します。

しかも、誰に聞いてもどの調査結果を見ても、日本女性は極めて有能だと言えます。日本女性は高学歴で、その水準は男性よりも高いくらいなのに、日本女性の労働参加率は、多くのOECD加盟国と比べ、低くとどまっています。

私はこれまでに、多くの日本人女性にお会いし、彼女たちがいかに才能にあふれ、どれだけ貢献することができ、またその多くが貢献したいと願っていることを知っています。

女性も労働力に含め、その潜在能力がフルに活かされるようにすることで、日本経済は、成長、生産性、そしてイノベーションの点で目覚ましい改善を遂げることが期待できるのです。多様性はイノベーションをもたらします」

（2013年3月22日、経済産業省「ダイバーシティ経営企業100選表彰式」へのビデオメッセージ）

国内外のリーダーは大きく旗を振っているのに、実態はなかなかついていっていません。

それはどうしてなのか、何が問題なのか、女性が伸び伸びと活躍するためにはどうしたらいいのか。

そうしたことに女性から女性に向けたメッセージは多くありますが、男性からのものは少ないようです。男性からみた女性の働き方の問題点、女性があまり気づいていないことを伝えてみたいという気持ちが、私のなかにずっとありました。

あなたは「自分は女性だから働きにくい」「息苦しい」と感じたことがありませ

んか？

女性が「働きにくさ」「息苦しさ」を感じていたとしたら、それはとても残念なことです。

当たり前ですが、仕事というのは楽しいことばかりではありません。嫌なことも、苦しいこともあります。しかし困難な目標を達成したときのよろこび、自分の仕事が認められ、昇進したときよろこびは、何事にもかえがたいものです。

私はすべての女性に、仕事のよろこびを知る人生を送ってほしいのです。

そのためには女性自身が自ら一歩踏み出さなければなりません。

女性に厳しい時代であってもハンディを乗り越え活躍している人はたくさんいます。私の友人のなかにも、傑出した活躍をしている女性たちがいます。

横浜市長の林文子さんは、私がいた東レに高卒で入社しましたが、この会社では自己実現ができないと考え、自動車会社の営業マンになり、ホンダ、フォルクスワーゲン、ＢＭＷとわたり歩き、２００５年アメリカの雑誌フォーブスで「世界で最も影響力ある１００人」の一人に選ばれました。その後ダイエーの副会長についたあと、ビジネス経験を活かして政治の世界で活躍しています。

ダイバーシティマネジメントを支援するNPO法人J－Winを立ち上げた日本IBMの内永ゆか子さんは、IBMで専務までいったあと、ベルリッツの会長をするなど大きな活躍をしました。そのJ－Winの活動のなかで私は知り合ったのですが、なんとも規格外の大きなスケールの方です。

官民の若手課長の勉強会で知り合った岩田喜美枝さんは、厚生労働省で雇用均等・児童家庭局長をされたあと、資生堂で副社長になり、女性が働きやすい環境を整えることに貢献することで日本企業に範を示しました。

彼女たちは、自力で自分の目標を達成してきたいわば選りすぐりの強い女性と言っていいでしょう。

しかし多くの女性はそれなりの力を持っていながら、さまざまな理由から働くのを止めたり、実力に見合わない仕事をしているのです。

いまが働く女性にとっての正念場です。さまざまな法整備が進み、政府も女性の社会進出を後押ししています。機運が高まったいまこそ、主役であるみなさん女性が一歩踏み出すことで、現実は少しずつ変わっていくはずです。

「女性が活躍する社会」「女性が輝く社会」を、リアリティのないきれいごとのスローガンで終わらせないでください。

社会は間違いなく、みなさん女性の力を必要としています。

女性一人ひとりが「社会を変えていく」「誰もが幸せに働き、幸せに生きられる社会を作る」と強く意識しながら仕事をしていけば、社会は少しずつでも変わっていくはずです。


この本は、女性のみなさんが、仕事を通じて幸せになってほしいと願うメッセージです。

2016年3月

佐々木　常夫

働く女性たちへ／もくじ



## 序章
## 女性よ、立ち上がれ



## 第1章
## チャンスの女神の前髪をつかみなさい

## 第3章 男社会のなかで賢く働こう

# 第4章 苦しいときこそ、成長のチャンス

## 第5章
# 仕事も家庭もどちらもあきらめてはいけない

## 終章 女性と男性が50対50で働ける社会にするために

## 職場のなかに「あなたならでは」の視点を持ち込もう



## おわりに　あとに続く女性のためにいまできること

装画　あずみ虫
装丁　加藤愛子（オフィスキントン）
本文DTP　NOAH
校正　鴎来堂
編集協力　長谷川敦
山崎潤子

序章

# 女性よ、立ち上がれ

## 日本の女性活躍度は先進国のなかで最下位

2015年発表のジェンダー・ギャップ（男女平等）指数ランキング※注は、日本は145カ国中101位で、先進国では最下位ということになりました。

（注）各国の社会進出における男女格差を示す指標。世界経済フォーラム（WEF）が毎年公表しているもので、経済活動や政治への参画度、教育水準、出生率や健康寿命などから算出される。日本は国会議員・官僚・企業管理職などで格差が大きい。

どうしてこんなことになっているのでしょうか。

日本の女性の就業率は69％とOECD加盟34カ国中24位と低く（男性は92％で2位）、それは専業主婦が多いことと、就業しても出産を機にいまだに6割の女性が退職していることが大きいようです。

仕事をやめた理由は家事育児に専念するための自発的な理由が39％、仕事と育児の両立がむずかしいためが26・1％。

そして両立が困難というなかで具体的な理由の第一は勤務時間が合わない（複数回答で65・4％）、次いで職場に支援する雰囲気がなかったこと（49・5％）です。

また、正規雇用者の男性の17％、女性の8％が週60時間以上※注も働いています。

（注）週60時間ということは1日12時間。1日12時間というと、9時から21時。通勤時間を考えると8時から22時。これを毎日続けているということになる。

このように日本では、女性（男性もですが）が働きやすい環境になっていないようです。

こうした背景もあり、女性の管理職比率は、アメリカ44％、フランス39％、イギリス34％、ドイツ29％。

それに対し日本は11％と大きな後れをとっています。

女性の役員比率に至っては北欧30～40％、イギリス21％、フランス18％、アメリカ17％、ドイツ14％。

それに対し、日本は１・１％というのですから、比較になりません。

こうした数字を見ると日本の女性の社会的地位や働き方は相対的に遅れており、いわば「女性低開発国」といっていいでしょう。

## 世界を動かしているのは男性

２０１５年、アメリカの雑誌「タイム」の「今年の人」にドイツ首相アンゲラ・メルケルが選ばれました。

彼女はいま、世界でもっとも活躍する女性といっていいでしょう。

しかしメルケルのような女性は例外で、女性が元首という国は１９６カ国中29カ国。議会の女性比率はアメリカ18％（日本９・５％）、米「フォーチュン」誌が選ぶ全米企業番付５００社のなかで女性ＣＥＯは４％です。

日本はおろか世界的にも女性の活躍はいまだ道遠しの状況で、世界を動かしているのは依然として男性といっていいでしょう。

もっとも投資家のウォーレン・バフェットは女性の力を認めていて「自分が成

功したのは人口の半分とだけ競争すればよかったからだ」といっています。

しかし例外的ではあってもサッチャー、メルケル、ＩＭＦ専務理事のラガルドのような卓抜した女性があらわれたり、企業のなかでも男性を超える実力ある女性を身近に見聞きしたりすることで、女性の活躍推進が社会全体にとっては大きなプラスなのだということが共通認識になりつつあります。

そのために欧米では、女性の地位向上に多くの施策を展開し積極的差別解消措置（affirmative action）も講じています。

日本でも安倍政権は「２０２０年までに、指導的地位に女性が占める割合を少なくとも30％程度」などと管理職を含めた割合を掲げ、女性の活躍は大きな成長戦略のひとつにしているのは正しい方向といえます。

## 女性は
## なぜ活躍できないのか

女性が活躍できないのは、男性中心の人類の長い歴史が第一の理由です。

女性はつねに男性のあとに位置づけられてきました。

女性が社会進出したのも参政権が与えられたのもつい最近のことです。日本でも古くから男性中心でしたし、戦後でも、男性が働き、女性が子育てや家事をするという性別役割分担の社会でした。

働く女性は結婚したら退職するのが当たり前であったり、定年年齢も女性は男性より若い年齢で設定してあったりと、いまでは考えられないようなことがまかり通っていた時代もありました。

日本はそういう世のなかでしたから、そもそも「女性が働く」という概念があまりなかったといってもいいでしょう。

１９８５年に男女雇用機会均等法が制定され、日本にも男女共同参画思想が浸透し始めました。

30年後の２０１５年に女性活躍推進法も成立して、いま、ようやく女性の地位向上の気運が高まってきたのです。

圧倒的男性優位の世界から女性も少し割り込める状況になってきたのです。

考えてみると男女雇用機会均等法が施行されたのは１９８６年でしたが、それでもしばらくの間は女性総合職の採用は限られたものでした。

人事関係のコンサルティングなどをおこなっている海老原嗣生さんが、『女子のキャリア――〈男社会〉のしくみ、教えます』（ちくまプリマー新書）という著書で、雇用動向のデータを紹介しています。

それによれば、従業員1000名以上の企業の新卒総合職採用に占める4年制大学卒の女性比率は、2000年でもまだ8・5％にすぎませんでした。

それがようやく2005年には22・8％、2009年には26・8％にまで上昇してきたということです。

つまり企業が総合職での女性採用を本格的に始めてから、まだ10年から15年しかたっていません。

女性の管理職や役員の女性比率が低いのは当たり前のことです。

会社のトップも上司も、また働く女性の両親も祖父母も親戚の人たちもみな男性中心の世界のなかで生きてきた人たちです。

女性が活躍するなどそう簡単にはいかないのです。

それと女性が育たないもうひとつの大きな原因は、無意識のうちに男性を仕事上優位に扱う「アンコンシャス・バイアス（無意識の偏見）」を持つ人が多いことです。

「女性には無理だろう」「ハードな仕事は女性に任せられないのでは」といった意識が働き、成長につながる仕事や機会を女性に与えない傾向があるのです。

アンコンシャス・バイアスに関する有名な実験があります。

まったく同じ履歴書を名前の部分だけ男性名「ジョン」と女性名「ジェニファー」に差しかえて、採用担当者に評価してもらう。

能力評価（5点満点）はジョン（男性）が4点、ジェニファー（女性）が3・3点。採用時に提示する年収はジョンが3万ドル、ジェニファーが2万7000ドルと、いずれもジョンの評価が高かったという結果でした。

同じ内容なのに評価に差がつくのは無意識のうちに男性を高く評価していることにほかならないのです。

このように最初から女性はハンディを背負ってスタートすることになります。

現実の職場では、男性は可能性を買われて昇進しますが、女性は実績で昇進するという傾向があります。

## 男性には
## 有力なアシスタントがいる

日本経済新聞の「私の履歴書」には一部上場の大会社のトップを経験した人がしばしば登場します。

この人たちが連載の最後のコラムで、「私はこのように仕事に打ち込めたのは妻の〇〇がいたおかげである。私が仕事に全力投球しているとき妻は家のことから子どものことまですべてやってくれた。筆を置くにあたり彼女に心から感謝したい」などという記述をしています。

多くの優秀な社員がいるなかで、出世競争を勝ちぬくには才能ばかりではむずかしいものです。

人より長い時間を働き、仕事に人生のすべてをかけて初めて達成できるということでもあるのでしょう。

そのとき仕事以外のことをすべて処理してくれる妻の存在が大きいといえます。

しかし女性にはそういう自分のアシスタントは望めそうにないのです。

子どもを産み、育て、食事を作り、家事をして、ときには介護までする。
そういうハンディを持つ女性が男性に仕事で打ち勝とうとするのは並大抵のことではありません。

もし女性が男性に伍《ご》して社会的な評価や成果を得ようとすると、男性以上に長く働き、気をつかい、家庭を持つことすらあきらめるなど、多くのものを犠牲にしていかねばなりません。

ある意味、女性の立場を捨て、男性以上に男らしく（？）働くことでその地位を築いてきた女性リーダーも多いでしょう。

余談になりますが、妻のサポートを得ながら出世競争を勝ちぬいた男性はほんの一握りでしかありません。

ほとんどの人が出世競争から脱落してしまいます。

しかしその勝負が判明するまでは時間がかかります。

ビジネスマン人生の最後までハードな働き方をして、最後に敗れ、そのときになって自分の生き方や働き方を後悔する人が多いのです。

日本はデフレで不景気になり経済成長を望めない時代を迎えたというのに、知

## 年齢別平均給与

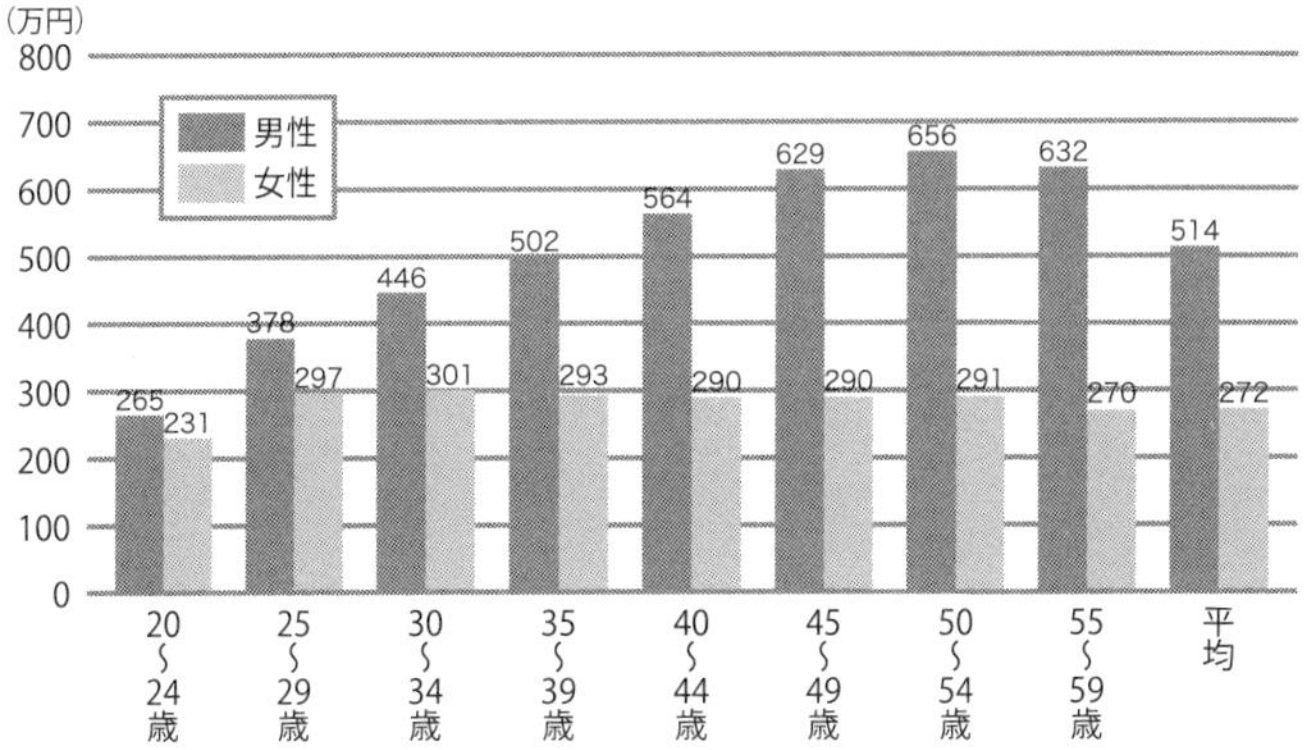


国税庁「民間給与実態統計調査」2014

## 正規／非正規別平均給与

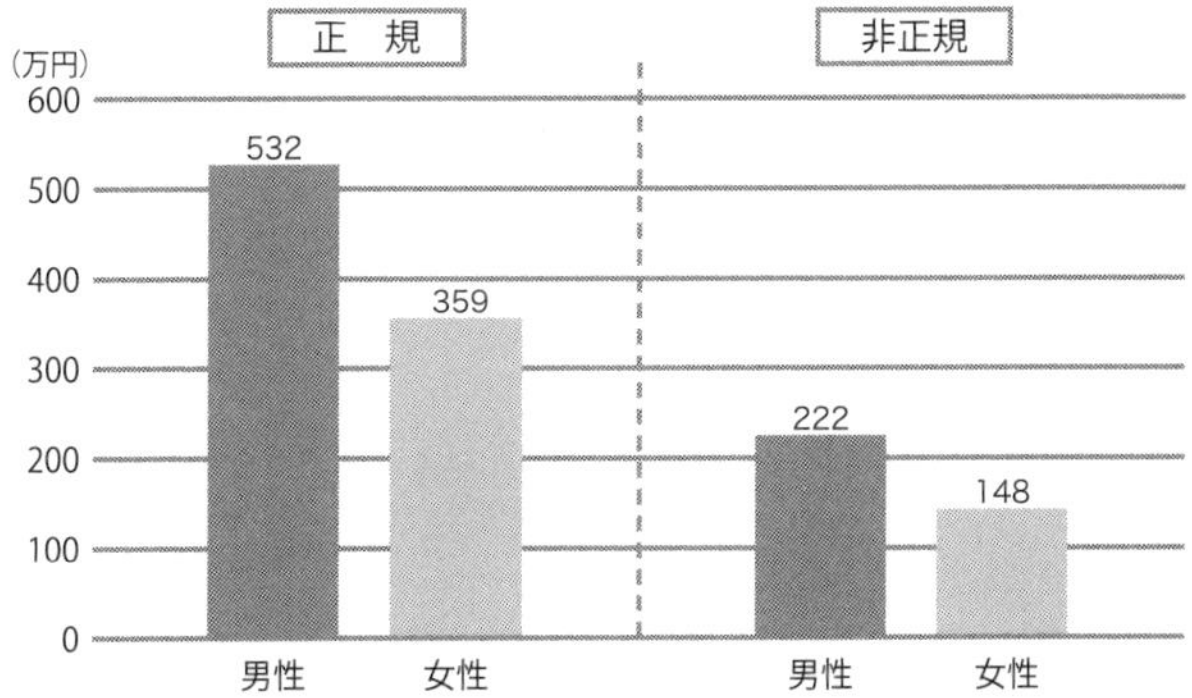


国税庁「民間給与実態統計調査」2014

恵も働かせず、いまだに長時間労働を止めようとはしません。
そうした愚かなラットレースを多くの人が続けているのです。

## 女性には「内なる壁」がある

このように長らく女性にとってアゲインストの時代が続いたわけですから、すぐに女性に奮起をうながしても、現実をいますぐに変えることはむずかしいかもしれません。

女性の地位が低かったこともあって家事、子育て、近所・親戚づきあいなど、女性にはさまざまなしがらみができました。

そのため、女性は一歩踏み出す前に引いてしまうのです。

つまり自分はそんなことはできないといって、自分に対する期待を低めに設定したり、トップをめざす意気込みに欠けたりするわけです。

女性にはそういった「内なる壁」があり、また人と違ったことをして、周囲に嫌われることや失敗することに対する「恐れ」もあるのでしょう。

求職活動においても男女では違った行動を起こします。

求人では経験年数や資格、専門性など多くの条件が提示されます。

女性はそれらの条件を１００％満たしていないと応募しない傾向があります。

一方、男性は60％か70％満たしていれば平気で応募します。

こうした行動の性差が、チャンスをつかむ確率の大小に大きく影響するのです。

そのため多くの女性は戦う前に敗れてしまうことになるのです。

## ともに立ち上がろう　一歩踏み出そう

男性優位の考え方や女性の「内なる壁」などさまざまな要因から女性はその能力を発揮できない時代が続きました。

女性という社会を構成する半分の人たちがそんな状況であるということは社会的に大きなロスといえます。

「男女共同参画がめざすべき社会」として次の２つがうたわれています。

「男女の人権が尊重され尊厳を持って個人が生きることができる社会」

「男女が個性と能力を発揮することによる多様性に富んだ活力ある社会」

これは男性も女性も持てる能力を最大限に生かすことによってイノベーションを起こしたり社会を活性化させたりするということです。

つまり社会を構成するすべての人の能力を発揮させることでみんなが生きがいを感じ、納得感・充実感を持つこと、そして明るく活力ある社会を作ろうということです。

女性の権利や尊厳などはまだまだ実現していません。

そのようなことは雇用統計の数字を見なくても自分のまわりを見渡せば誰でもすぐわかることです。

女性の真の平等はいまだに実現していないこと、そしてそれがどれほど社会の発展を阻害しているかということを認め、その達成のためには政府でも経済界でもトップの地位につく女性が増えることが絶対に必要なことだと認識することが重要です。

こうした取り組みは自分自身や家族のためだけではなく、個別の企業の競争力強化につながり、ひいては国家の繁栄につながるということを理解しておかなければなりません。

そのために主人公である女性が声をあげなければならないのです。

ともに立ち上がらなくてはならないのです。

この本は女性が一歩前に踏み出すための本です。

リーダーになれるチャンスに近いところにいる女性は声をあげ行動する責任があります。

多くの女性たちのためにも、そういう女性はリーダーにならなくてはなりません。

女性のトップを増やすことがボトムを引き上げるのです。

そしてリーダーになれない女性も自分自身でできる精一杯のことをしなくてはなりません。

そのことが自分と家族、そして社会を幸せにすることにつながるのです。

第１章

# チャンスの女神の前髪をつかみなさい

# 自分にやってきた波には乗ろう

「内なる壁」を取り壊そう

レオナルド・ダ・ヴィンチのものとされる言葉に、「チャンスの女神に後ろ髪はない」というものがあります。

チャンスは目前にやって来たときにすぐにつかまないと、通りすぎてからではもう遅い。なぜならチャンスの女神には前髪しかないから、という意味です。

けれどもおうおうにしてそんなチャンスの女神が目の前にあらわれたときには、多くの女性は気後れしてしまい、前髪をつかめないままに終わってしまうものです。

フェイスブック社のCOOをつとめ、グーグルにも勤務していたことがある

シェリル・サンドバーグは、『フォーチュン』誌の「世界でもっとも有力な女性50人」にも選ばれた女性ですが、日本でも大変話題になった著書で、以下のようなことを書いています。

グーグルで働いていた六年半のあいだ、私は四〇〇〇人が働く部門を統括していた。一人ひとりを直接知っていたわけではないが、トップの一〇〇人ぐらいはよく知っていた。彼らを観察していて気づいたことのひとつは、だいたいにおいて男は女よりチャンスに飛びつくのが早いことである。

シェリル・サンドバーグ『LEAN IN 女性、仕事、リーダーへの意欲』(日本経済新聞出版社刊)

たとえば新しくオフィスを開設するとか、新しいプロジェクトを始めるといったことを告知すると、男性社員はすぐに彼女のオフィスを訪ねて、いかに自分が適任者であるかをアピールするといいます。

そして彼らは実際にチャンスをつかみとっていくそうです。

ところが女性の場合は、サンドバーグのほうからチャレンジするように働きか

けたとしても、

「私で十分つとまるのでしょうか」

「すばらしいチャンスだと思いますが、私は一度もそういう仕事をしたことがないのですが」

「まだいまの仕事から学ぶべきことがたくさんあると思います」

といった消極的な返事が返ってくるといいます。

サンドバーグは、経験以外にもさまざまなデータから、女性は男性と比べて自己評価が低く、この自信のなさが消極的な姿勢につながっているのではないかという分析をしています。

アメリカというと、日本よりもずっと女性の社会進出が進んでいて、女性も男性と肩を並べて働いているというイメージがあります。

それなのに自分の能力に自信を持てず、積極的になれない女性がいまだに多いという記述には、いささか驚きました。

自分の意見をはっきりいうイメージのあるアメリカの女性でさえも、こんな調子なのですから、

「ましてや日本の女性には、仕事に対する積極性など期待できないのでは？」と思ってしまいがちです。

しかし私は「日本の若い女性は、むしろ同世代の男性よりも仕事に対して積極的なのではないか」と感じることがあります。

若手社員向けに講演会をおこなうと、そのあとに積極的に質問をしてくるのは多くの場合は女性です。

男性のほうがおとなしすぎて、「男はいったい何を考えているんだろう。大丈夫かな？」と心配になってしまうほどです。

さまざまな企業のリーダー層と話をしていても、「男性社員よりも女性社員のほうがだんぜん元気」といった発言をよく耳にします。

このようなことからも、私は日本の女性は、むしろ男性以上に期待できると考えています。

ただしプロジェクトリーダーのような大きなポストを狙えるようなチャンスに

なると、自ら進んで手をあげる女性はまだ少ないということなのかもしれません。

これは長らくこうしたポストは男性が独占してきて、女性にはチャンスをつかみとる挑戦権が与えられてこなかったことも影響していると思います。

しかしいまや、もうそういう時代ではなくなっています。

## 上司は、
## あなたの能力を
## はるかに超える仕事を
## 与えたりはしない

チャンスの女神が目の前にあらわれたら、ひるむことなく前髪をつかもうと動いたほうがだんぜんいい。

以前、「ヨーロッパの事業所に、誰か女性をひとり送り出そう」となったことがありました。まだ公式に発表する前にもかかわらず、ある女性が「私が行きます」と自ら手をあげました。彼女の意欲が高く評価され、一発で決定しました。

そのときもし公式に発表されるまで待っていたら、ほかの応募者と競争しなくてはならず、チャンスをつかみとれる確率は半減したことでしょう。「そこにチャンスがある」ことを知った時点で動いたことで、まさに彼女は前髪をつかみとったのです。

なかには「とてもじゃないけど、自分はそこまで積極的にはなれない」という人もいるでしょう。

けれども自分からチャンスをつかみに行くことはできなくても、少なくとも「来た波には乗る」ことをせめて心がけてほしいと思います。

たとえば上司より「今度あなたにこういうポストを任せたいのだけど、やってみないか?」と打診されたとき、「やらせてください」と前に出るのです。

ところが来た波にさえ乗ることをためらってしまう女性がたくさんいます。ある30代の女性はこう打ち明けてくれました。

「自分の実力や実績、体力などを考えて、『私の能力の範囲内でもできそうだ』と判断したことについては、積極的に手をあげられます。でも上限をちょっとでも超えると、しりごみしてしまうのです」

けれども上司が「こういうポストを任せたいのだけどやってみないか」と声をかけたということは、それだけその人の能力を認めているからです。

上司だって失敗はしたくありませんから、部下の能力をはるかに超える仕事を与えたりはしません。

私が多くの女性に伝えたいのは、「もっと自分に自信を持ってほしい」ということ。上司はいろいろな部下を見てきていますから、一人ひとりの実力や強み弱み、どれだけのレベルの仕事なら与えても大丈夫かといったことは、本人以上に知っていることも多いものです。

ですからしり込みなどすることはありません。

失敗してもいいのです。

自分に自信を持って、チャンスをつかみ、たくさんのことにチャレンジしてください。

「本当はやりたい」と思っていたとしても、小さな子どもがいるなど家庭の事情で、チャレンジすることをためらってしまう場合もあると思います。

こんなとき女性は「仕事をとるか、家庭をとるか」の二者択一で考えがちですが、ちょっとした工夫で両立が可能になるかもしれません。「あれか、これか」と考える前に、「あれも、これもできないか」と考えてみることが大切です。そのうえで最終的な判断を下すべきです。

女性が男性に後れをとってしまうのは、自信のなさ、いわゆる「内なる壁」によってチャンスの女神の前髪をつかもうとしないためであり、それによってキャリアに差がつくとしたらとてももったいないことです。

# 女性の限界は自分のなかにある

## 先入観をまず、捨てよう

2人の子どもを育てながら、自ら希望して東南アジアの事業所に赴任した女性がいます。子どもたちとは一緒に赴任地で暮らすことにし、夫は日本で仕事。しばらくは別居生活になるとのことです。「赴任期間はおそらく3、4年になると思います」と彼女はさらっと話します。

「夫の理解も大きいけど、きっと一歩を踏み出すことに躊躇《ちゅうちょ》しない勇気がある女性なんだ」

と思われるかもしれません。

けれども彼女はこういいます。「心のなかに勝手に設けていた〝自分の限界〟を取りはずすまでには、やはり時間と経験が必要でした」。

彼女が大学を卒業していまの会社に入社してから20年間、転勤もなく東京で働いてきたため、「このままこのエリアしか知らないようでは、視野が狭くなる」という危機感が高まっていました。

多くの産業で、国内市場は横ばいから縮小傾向にあるのに対して、中国やASEAN市場は拡大を続けています。そのため海外を経験しなければ、自分が成長しないのではないかと思い始めていたのです。

一方で彼女には、「女性が海外勤務をするなんて、やっぱりむずかしいだろうな。会社はきっとそんな人事はするまい」という思いもありました。そのため「このままではまずい」とあせりを抱きながらも、一歩踏み出せずにいたのです。

ところが、何人かの女性たちに相次いで海外赴任する例がありました。「あっ、女性でも行けるんだ」と彼女は驚くのと同時に「女性には海外勤務は無理という考えは、思い込みだった」と気づいたそうです。そこで夫に相談し、海外赴任の希望を出したところ、あっさり決まったということでした。

いま、彼女はこう語ります。

「これまで『女性は会社では、男性と同じようにはできない』と、勝手に自分の限界を設定しているところがありました。最近は、『実は限界なんてないのかもしれない』と思うようになりました」と。

## 会社の過剰な配慮には、はっきり意思表示を！

多くの会社は女性に対して、「過剰な配慮」をしている面があるといわれます。たとえば○○の営業の仕事は相手先から厳しいことをいわれる場面が多いので、女性は配置しないという会社があります。

また既婚者や子どもがいる女性は、遠方転勤はさせない会社もあります。そのため総合職にもかかわらず、地域限定社員のような働き方になっている人もいます。

こうした会社の配慮は、本人にはありがたいときもありますが、その人の成長を妨げる要因にもなります。

「このままではまずい」と感じたときに大切になのは、自ら海外勤務を申し出た彼女のように、会社に対して自分の状況や希望をはっきりと伝えておくことです。すると会社としても、「あっ、この配慮は彼女にとっては不要だった」と気がつきます。そしてだいたいの場合は、女性の希望を検討してくれるものです。

いまは多くの会社が、女性の活用を真剣に考えています。けれども「女性にこんなことをさせてはまずいのではないか」という思いから、活用の仕方を迷っている部分があります。

だからこそそんなときには、女性のほうから声を出すことが大切になります。『聖書』に、「求めなさい。そうすれば与えられる。探しなさい。そうすれば見つかる。門を叩きなさい。そうすれば開かれる」という言葉があります。

求めれば、門は開かれます。「これが私の限界」と思っていたことが、意外にそうではないと感じるはず。

門の外に一歩を踏み出すことは、それほどむずかしいものではないのです。

# 社外とつながるチャンスをつかめ

社内で仕事がある程度立ち回れるようになったら、時間をやりくりしながらでも、意識的に社外に出て行くことが大切です。

40代の初め、課長だった私は、民間企業や官公庁の若手課長の人材育成の勉強会に入会しました。社外の人たちと交流を深めることができたなら、きっと得るものがあるだろうし、なによりおもしろそうだと思ったからです。

メンバーは各官庁や企業を代表して参加された人材なので、仕事や人生に対して前向きな人ばかり。

そうした人たちと、仕事の話はもちろん、これからの日本の経済や政治はどうあるべきかといったことに関する議論したのは、大変刺激になりました。

そのときのメンバーとはいまでもつきあいがあり、私にとって終生の友人となりました。

社外勉強会に参加してみて痛感したことは、自分が井の中の蛙《かわず》になりかけていたことでした。

業界や会社が異なれば、仕事のやり方や考え方もずいぶん違います。

自分が常識だと思っていたことが、他人から見れば非常識ということもあります。「ほかの会社の人たちは、そんなことを考えているのか」「こんな仕事の仕方をしているのか」という発見が数多くありました。

もしあのとき多忙さを理由にその勉強会に参加せずに、会社だけの仕事をしていたら、自社のやり方や価値観しか知らずに終わったかもしれません。この交流を通じて、広い視野や高い視点を持ちながら、仕事に取り組むことができるようになりました。

J－Winという各企業で活躍している女性が参加して女性リーダーの育成や能力開発を図っているNPO法人があります。

日本IBMの専務やベルリッツコーポレーションの会長をされた内永ゆか子さんが、企業で働く女性のネットワーク作りと企業内でのダイバーシティ&インクルージョン推進の支援のために立ち上げた組織です。

この会は業種、業容の枠を超えたコミュニティを作ることをうながすと同時に、日常の業務とは異なる角度で企業経営、社会、経済を見つめ、各々が果たすべき重要な役割を認識できる機会を提供することを目的とした各種活動をおこなっています。

私はＪ－Ｗｉｎ発足のときからおつきあいしていますが、参加メンバーの意欲と行動力には圧倒されます。

みんないきいきとしていて多くの有意義な友人関係を築いていています。このような会などにはぜひ自ら名乗り出て参加してほしいです。

# 会社にロールモデルはいない

## 男性並みの先輩女性

女性が社会で活躍しにくい原因に、「身近なところにロールモデルが少ない」ということがあげられます。

結婚や出産後働くことは昔と比べると普通の時代になってきています。けれどもまだ管理職として働いている女性や、ずっとひとつの会社で働き続けそのまま定年を迎えるという女性はけっして多くはありません。

内閣府の「男女共同参画白書」（２０１３年）によると、民間企業での管理職に占める女性の割合は、課長相当で７・９％、部長相当で４・９％です。１９８９

年の調査では、課長相当が2・0％、部長相当が1・3％でしたから、増加傾向ではありますが、まだ圧倒的な男社会であるといえるでしょう。

若手や中堅の女性社員は、会社でいったいどんなふうにリーダーになり、どのように定年を迎えるのか、イメージしづらいのもやむを得ないと思います。

また現在、管理職についている女性たちは、「女にリーダーはつとまらない」という偏見のなかで、必死にがんばってきた人たちです。

転職サイトの「リクナビＮＥＸＴ」の「管理職実態調査」（２０１４年実施）によると、女性管理職のうち未婚者は48％に上り、結婚している女性管理職のうち、子どもがいない人の割合は56％とあります。

女性が会社で出世をしようと思ったら、ある意味「家庭を捨てる覚悟」でのぞむ必要があったということです。

そういう先輩を見ていたら「仕事はずっと続けたいけれども、結婚もしたいし、子どももほしい」という若手や中堅の女性から見れば、「先輩たちのような働き方や生き方は、私にはむずかしい」ということになると思います。

こういったこともロールモデルが身近にいない理由のひとつになっています。

## 女性の就業者・管理職に占める割合の国際比較

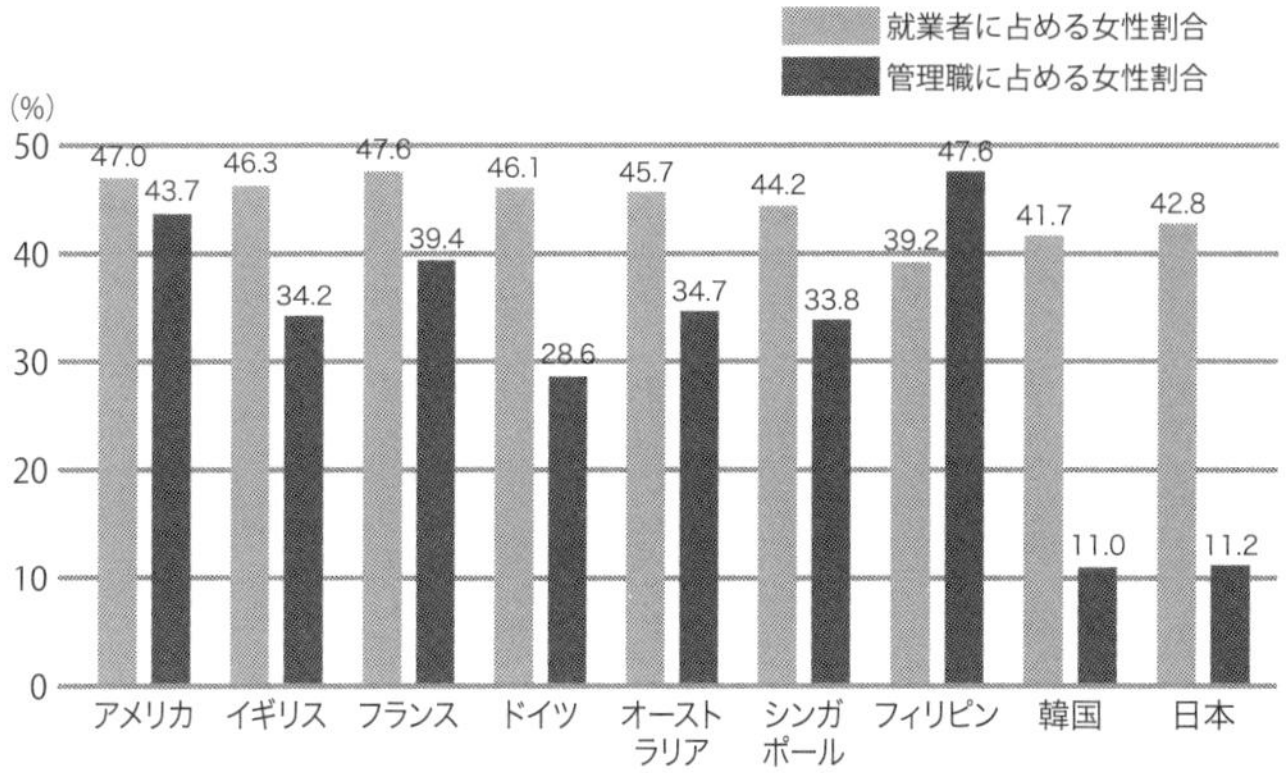


内閣府「男女共同参画白書」2013

## 管理職の婚姻状況と子どもの数の男女比較

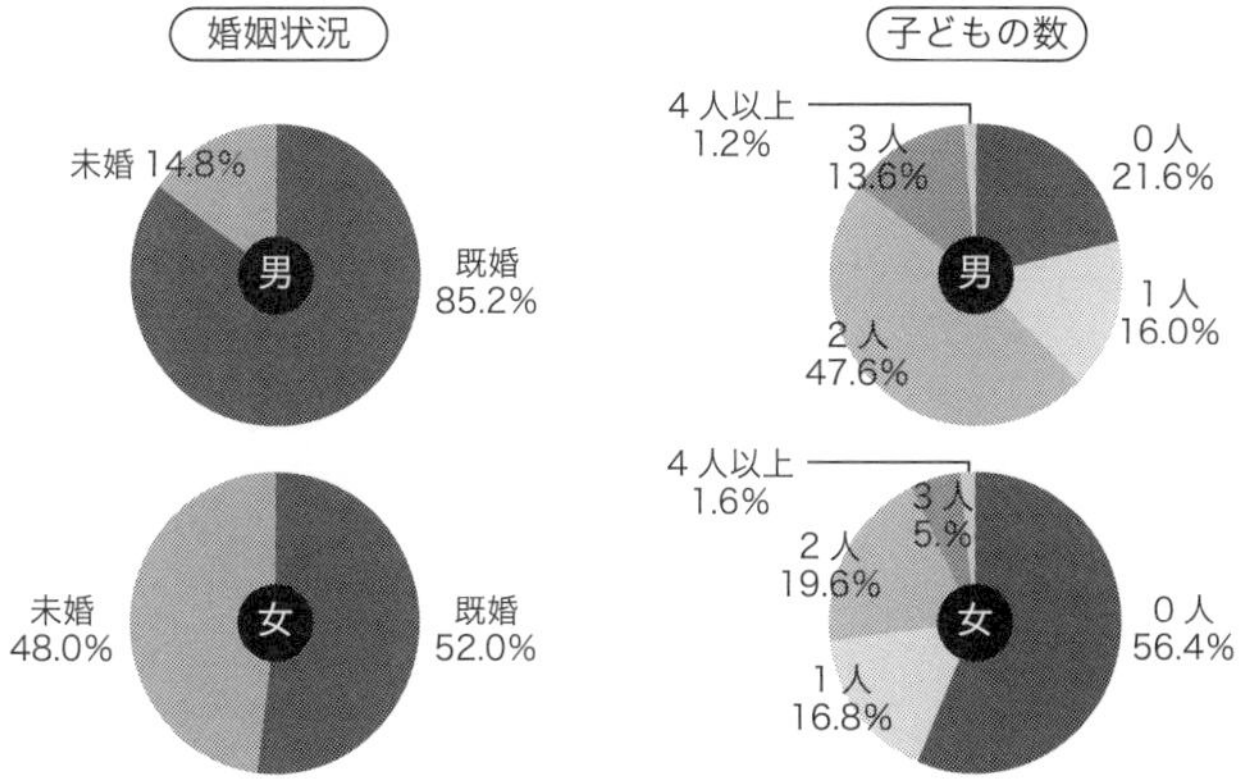


リクナビ NEXT「管理職実態調査」2014

## 自分に生かせるところだけを参考にしよう

女性の社会参加の歴史が浅い日本で、自分にとってぴったりの特定のロールモデルを見つけようとするのはむずかしいものです。

全体的にはロールモデルにはしたくないと思われるような上司や先輩でも、部分的には優れたところがあるはずです。

「生き方や考え方は尊敬できないけど、でも仕事のスピードは速い」という上司がいるなら、その部分だけをモデルにすればいいし、「あの人は論理的な思考力や判断力は少々欠けているけど、人に対する気づかいはすごい」という先輩がいれば、その部分だけをモデルにすればいいわけです。

そして何枚ものピースを組み合わせることでジグソーパズルを完成させるように、さまざまな上司や先輩の真似したい部分を合わせて、自分自身の「なりたい将来像」を作っていけばいいのです。

孔子も、

「我れ三人行えば、
必ず我が師を得《う》、
その善きものを選びてこれに従う。
その善からざるものにしてこれを改む
（三人で行動すれば、自分の師を見つけられるだろう。よいところを見ればそれを見習い、よくないところは自分に照らして改められるからだ）」

と同じようなことをいっています。

女性に厳しい時代に管理職についた大先輩からは、学べることがたくさんあります。彼女たちは間違いなく仕事ができる人たちです。みなさんのほうから、「話をきかせてほしい」と声をかけてみてください。彼女たちの生き方、働き方を知ることは、必ず刺激になるはずです。

大先輩たちは、厳しいことをいうかもしれません。そのときは先ほどのパズルの考え方で、自分にとって参考にできるところだけを吸収にすればいいのです。

いま自分たちが比較的恵まれた環境で働くことができるのは、先輩たちが道を作ってくれたおかげです。

だから敬意を持って先輩方に接することです。

伸びる人は、特定の人だけではなくいろいろな人から生き方、働き方を学び取っていこうとします。

そういう人は、「私のまわりにはロールモデルがいない」と不満を抱いている人のすぐ横で、大きく伸びていきます。

「どんな人でもロールモデルにできる」という思いを持って上司や先輩と接することができる人が、成長していきます。

# ロールモデルはあなた自身

## 与えられた仕事に全力で取り組むと先が見えてくる

いま、課長職にいる40代のある女性は、若手社員のときには「35歳から40歳までの間に、課長になること」を目標に働いていたといいます。

割合は少ないけれども、その会社では課長職として働いていた女性の先輩がすでにある程度存在していたため、「自分も課長になる」という目標設定は、現実味があるものだったのです。

ところが目標の課長になってみると、次の目標の具体像が見つからずに困って

しまったそうです。

社内では部長職についている女性はまだごくわずか。また自分が部長になれるとしても、年齢的にまだずっと先の話です。

そのため「私はこのあとどのようにしたらいいのだろう……」という気持ちになったとのことです。

しかしその後彼女は、「何歳までに何をやる、何になる」と、無理に決める必要はないのではないか、と思うようになりました。

「いま、目の前のことに、一つひとつ真面目に取り組んでいけば、その先に何かが見えてくるだろう。その『いまは見えていない何か』に期待して、がんばっていくことにしよう」と。

そう考えたときに初めて、迷いを吹っ切ることができたそうです。

私も彼女のような考え方に賛成です。

自分としての中期的な目標は必要だけれども、現実にはいましかないので、目の前にある仕事と生活に一つひとつ全力で取り組んでいくしかないし、それでいいのです。

男性である私自身を振り返っても、若いころには「40歳のときには」とか「50歳になったら」といったキャリアデザイン的なものはありませんでした。特に家族に障がいのある子どもや病気の妻を持っていましたからなおさらです。

先輩にはさまざまな人がおり、それはそれで参考になりましたが、その人はその人です。私は私自身であり、能力も性格も環境もすべて違います。

私のこれまでの人生は、目の前の与えられた仕事と生活に全力を尽くしていただけでした。すると不思議なことに、その先には必ず新たな場面や展開が待っていました。

女性の場合は、結婚しているか独身か、子どもがいるかいないか、夫が妻のことをどう考えどうサポートしてくれるのか、親はどんな状態なのか……、といった環境が人によって大きく違います。

男性と違って環境の組み合わせが幾通りもあり、かつ複雑にからみ合うため、あまり似たような人はいないのです。

だからこそ、自分に与えられた環境や範囲のなかで、主体性を持って自ら切りひらいていかなくてはなりません。

## 我に返る人になっていますか？

自分よりも充実した人生を歩んでいる人や、幸せそうな生き方をしている人を見ると、「うらやましい」という感情がわき起こってくるのは、人としてごく自然なことです。

しかし他人のことをうらやましがっても、何もよいことはありません。自分がみじめになるだけです。それはわかっていても、そうした思いをなかなか止めることができないのが、人というものです。

私たちは、人のことをうらやんだりねたんだりしてしまう感情と、どのようにつきあっていけばいいのでしょうか。

「自立した人間になる」ことが、大切だと思います。

私も若いころは、他人のことが気になってしかたがない時期がありました。

学生時代、私は国家公務員になることをめざしていました。

特にあこがれたのは通産省（現・経済産業省）でした。しかし4年生のときに大学紛争が起こり、1年近くも講義が中断されたこともあり、途中から公務員試験の勉強に集中できる環境ではなくなってしまいました。

また、好きだった書籍にかかわる仕事もいいなと思っていました。ただ、何となく自分には向いていない気がして、結局普通のメーカーに就職しました。

そのため社会人になったばかりのころは、官庁やマスコミ業界に入った友人のことがとても気になり、「自分の選択は本当に正しかったのだろうか」と悩んだものです。

ところが、途中からそんなことはどうでもよくなりました。

さまざまな経緯があったにせよ、いまの会社に入ることを決めたのは私自身です。自らが引き受けた運命だと思って、目の前の仕事に真剣に取り組むことにしたのです。

与えられたどんな仕事でも「こうすればもっと効率的にできるのではないか」と、自分なりに工夫をするようにしました。すると上司からほめられ、信頼されるようになり、より重要な仕事を任されるようになります。

そしてまたその仕事に懸命に取り組むうちに、もっとやりがいのある仕事を与えてもらえました。そんなふうに働いているうちに、仕事がどんどんおもしろくなっていったのです。

学生時代の同級生のなかには、自分よりも華々しい活躍をしている人がいるかもしれません。でも自立した人は、一瞬はねたみを抱いたとしても、すぐに切り替えることができます。「彼女が幸せそうなのはうらやましいけれども、自分が求めている生き方ではない。自分には自分の道がある」ことを、思いだせるからです。そして自分がやるべきことに、意識やエネルギーを集中させることができるのです。

他人のことを、うらやんだりねたんだりする気持ちから解放されたければ、「自分の生き方を確立させること」が大切です。自立している人は、他人の生き方に惑わされそうになったときにも、すぐに我に返ることができます。

## 他人を気にしている余裕がないくらい、自分に集中していますか？

私たちは自分が希望していた部署やプロジェクトに、同僚が任命されたときなどにも、その人のことをうらやましく感じてしまいます。経験や実績にさほど差がないときほど、「なぜ私ではなく、あの人なの⁉」という気持ちになります。

こんなときは、うらやましさや悔しさをバネにして、いっそう努力するしかありません。

たとえ自分が希望していない部署に配属になったとしても、そのなかでやるべきことやできることがあるはずです。与えられた環境で努力しない限り、道はひらけてきません。

人は人、自分は自分です。他人がうらやましく見えるときほど、「自分は自分」と言い聞かせて、やるべきことに意識を集中させてください。自分のことで一生懸命になっているうちに、他人のことを気にしている余裕はなくなってくるはずです。

# 第2章

# やっぱりリーダーをめざそう

# Go to the top

# 管理職になったほうが仕事は楽！

## 出世したがらない女性がいかに多いことか

いろいろな経験を積み、成果をあげている人に対して、会社が次に期待するのは「管理職としてチームを引っ張っていってもらうこと」です。

具体的な業務について前向きな人でも、管理職を上司から打診されたときに、二の足を踏んでしまう人も多いようです。

「管理職になると、責任も重く、仕事もハードで大変そうだ」と思ってしまうのです。

私の経験でいえば、むしろ管理職になったほうが、仕事は間違いなく楽になります。

将来管理職になることへの意欲については、現状では男性と女性とでは大きな違いがあります。

2013年に独立行政法人労働政策研究・研修機構がおこなった「男女正社員のキャリアと両立支援に関する調査」によれば、一般従業員のうち「役付きでなくてもよい」と答えた割合は、男性が26%だったのに対して、女性は69%もいました（従業員300人以上の会社の場合）。

7割の女性はこのまま管理職にならなくてもいいと考えているのです。

この調査では「昇進を望まない」と答えた回答の上位5位は以下の理由でした。

第1位　仕事と家庭の両立が困難になる　40%

第2位　責任が重くなる　30%

第3位　自分には能力がない　26%
第4位　まわりに同性の管理職がいない　24%
第5位　自分の雇用管理区分では昇進可能性がない　23%
（複数回答）

ちなみに男性の1位は「メリットがないまたは低い」（41%）、2位は「責任が重くなる」（30%）、3位は「自分には能力がない」（28%）です。

男女ともに「責任が重くなる」「自分には能力がない」という理由が上位に入っていますが、いかにも女性らしい理由が、1位の「仕事と家庭の両立が困難になる」、4位の「周りに同性の管理職がいない」、5位の「自分の雇用管理区分では昇進可能性がない」です。この結果を見ると、実は女性は「昇進を望んでいない」だけではなく、現状では「昇進を望めない状況にある」人も多いことがわかります。

いまは管理職が少ないので実感はわかないかもしれませんが、まわりにもっと女性の管理職が増えていって両立する実例を目にすれば、「管理職になっても、仕事と家庭の両立はそんなにむずかしいことではないのだな」ということに気がつき、「管理職をめざしたい」ということに気づき始めるでしょう。

## 管理職のほうが
## 両立は可能

仕事と家庭の両立は、私はむしろ管理職のほうがやりやすくなると思っています。

私が平社員だったころ、きちんとした計画を立てずに、成り行きで仕事を進める課長の下で働いたことがありました。

その課長は、それほど重要とは思えない資料を作成させるために部下に急な残業を命じたり、定時をすぎてから会議をはじめたりするような人でした。

そのため私は仕事と生活の時間管理ができませんでした。

私はそんな仕事の仕方に不満を持っていましたが、上司と部下という関係であれば、上司の命令にはしたがわざるを得ません。

そこで私は「いまは自分の主張を通すのは無理だけど、自分が課長になったら絶対にやり方を変えよう」と心に決めたのです。

そして実際に課長になってからは、戦略的で効率的な仕事のやり方に切り替えたのです。

また私が課長になったころ、妻が肝硬変で倒れ私が家事をしなくてはいけなくなったのです。

なぜ私が「仕事と家庭の両立」ができたのかといえば、課長になったからです。管理職になることのメリットは、自分の裁量で仕事をコントロールできるということ。

そのぶんタイムマネジメントもやりやすくなります。

ですから仕事と家庭を両立させるために一番いいことは、できるだけ偉くなることです。まだ課長だと、急に部長から仕事を振られたり、無理難題を押しつけられたりということがありますが、上に行けば行くほど自分のスケジュールはほとんど自分で決めることができます。私も東レ経営研究所という会社の社長を務めていたときが、もっとも楽でした。

こんな話をするとみなさんのなかには、「でも自分のまわりの課長は、みんな忙しそうに働いているのだけど……」と思われる方もいるかもしれません。

課長が忙しいのには、２つの理由があります。

ひとつは「ムダな業務の洗い出し」をしないままに仕事に取り組んでいるからです。

こういう仕事のやり方をしていると、自分の残業時間が増えるだけではなく、部下の残業時間まで増やしてしまうことになります。

チームが毎日1時間残業すれば、年間ではひとりあたり約240時間（まるまる10日分）の時間をムダにすることになります。10人いれば合わせて100日分もの貴重な時間がムダになるのです。

会社の仕事は山のようにあります。それを一つひとつ同じレベルでていねいにこなしていたら、定時に終わるわけがありません。そこでチームとして業務にプライオリティをつけ、優先順位の低い仕事は思い切って捨てるか、やるとしても6割程度の達成度で「可」とします。

つまり重要度に応じた適切な時間配分をすることで、最小限の時間で、最大限の成果をあげることを追求するのです。

課長が忙しいもうひとつの理由は、プレーイング・マネージャーになっていることです。プレーヤーとして部下と同じように業務をこなし、そのうえマネージャーの業務にも取り組んでいたら、忙しくなって当然です。管理職の仕事はチームをマネジメントすることにあるのですから、本来の役割に徹すべきです。

課長になるということは、野球の監督と選手の役割が違うのと同じように、担当者のときに求められるものとはまったく次元の違う仕事につくことです。

これらのことができれば、課長は自分の仕事量を大幅に減らすことができ、平社員のときよりも仕事は楽になります。それが管理職のあり方です。

仕事と家庭の両立を実現するためにも、ぜひ、まずは課長になることをめざしてほしいのです。

# 管理職はより多くの生きがいを感じる仕事

## 一社員より大きな貢献ができる

「経理の仕事を極めたい」「広報のプロになりたい」といったように、専門性を追求したい人には、管理職になることはあまり魅力的には感じないかもしれません。

管理職になれば、ある分野についての専門性を高めることよりも、メンバーをマネジメントしながら、チームとして成果をあげていくことを求められるようになります。専門性で会社に貢献するのではなく、マネジメント力やリーダーシップ力で貢献しなくてはいけません。

平社員のときと管理職になってからでは、求められる役割が大きく違ってきます。

私は専門職志向が強い人であっても、やはり管理職をめざしてほしいと思います。仕事に対する思いが強くて前向きな人ほど、管理職になってほしいのです。なぜなら管理職のほうが、組織や世のなかに対してより大きな貢献ができるからです。

たとえば、ある看護師の女性が、「私は患者さんをサポートしたくてこの仕事についたのだから、これからもずっと現場にいたい。看護師長や看護部長になると現場を離れなくてはいけないから、管理職になることには興味がない」と考えていたとします。

彼女は自分の職業に誇りを持ち、患者のことをいつも一番に考えながら、仕事に取り組んでいます。また看護に関する最新の知識を学んだり、技術を磨いたりといったこともおこたっていません。

けれどもどんなに彼女の志が高くても、自分ひとりだけではその志の広がりには限界があります。自分が担当している患者からは仕事ぶりを感謝されるかもしれませんが、それだけにとどまってしまいます。

一方、看護師長や看護部長になれば、自分が現場で大切にしてきたことを、ほかの看護師や病院全体に広めていくことができます。自分と同じ志を持つ看護師を、何人も育てていくことができます。また現場にいるときに感じていた課題を、改善していくことも可能になります。結果として、「よろこんでくれる患者が増える」という好循環が生まれます。つまり、現場の一担当者だったときよりも、患者や病院に対して、より大きな貢献ができるようになるのです。

## 責任の重さが
## 成長につながる

たしかに管理職になると、責任は重くなります。

しかしこれまでの人生を振り返ってみればわかると思いますが、簡単にできることよりも、「自分にはこれはちょっとむずかしいかも……」という問題に取り組んで、それを乗り越えられたときにこそ、人は成長するものです。自分をさらに成長させたいのなら、管理職をめざすべきなのです。

管理職になると、視野が広がります。

ある国家公務員の女性は「係長のときまでは、何かの通達を出すときでも、内容に誤りがないものにすることだけで頭がいっぱいでした。でも課長になってからは、なぜこの通達が必要で、どんな意味を持っているのかといった大きな視点を持ちながら、仕事に取り組むことができるようになりました」と話してくれました。

仕事をしていて一番やりがいを覚えるのは、「何かに貢献していること」と「自分の成長を実感できているとき」です。

こういうときは、少々困難な問題に直面することがあっても仕事が楽しいものです。

管理職になることは、「何かに貢献すること」と「自分を成長させること」という、人間として一番大事なことのどちらも叶えてくれることなのです。

# 「人間性」と「能力」「努力」が出世のバロメーター

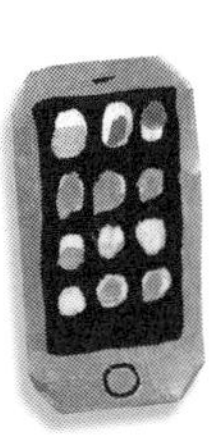

## 出世をすると、見える風景が違ってくる

管理職をめざすのなら、課長になるだけで満足せず、部長や取締役、そして社長をめざしてほしいと思います。私自身も課長から部長、部長から取締役への昇進を経験しましたが、上の役職につくたびに、前の役職にいたときとは明らかに見える風景が違ってくるからです。

そしてなんといっても上に行けば行くほど権限が大きくなり、その人の影響力が増大していきます。

「出世争い」などというと、あまり良いイメージがないかもしれませんが、社会や会社への貢献、そして自分の成長のためにも、高い目標を掲げて上をめざすことは悪いことではないと思います。

では、仮にみなさんが出世をめざすことにしたとして、何が大切になるのでしょうか。

私は課長に昇進したときに、「出世は人間性、能力、努力のバロメーター」という言葉をノートに書いたことがあります。

私が課長になったころは、ほとんどの同期が同じ時期にいっせいに課長に昇進するという、ちょっといまでは考えられない時代でした。

そこで私は「これから本当の意味での出世競争が始まるんだ」という思いで、この言葉をメモしたのです。

その後私は、出世した人やしなかった人など、さまざまな人を見てきましたが、「出世は人間性、能力、努力の3つで決まる」という考えは間違っていないと思っています。

## 「人間性」を磨くことや「努力」を続けることが出世につながる

出世は人間性、能力、努力で決まるなどというと、みなさんは「3つもそろっていなくてはいけないなんて、自分には無理だ」と思われるかもしれません。

3つのうち何かひとつでも優れたところがあれば、ほかの2つは飛び抜けて優秀でなくても、出世することは可能です。

「能力」については、持って生まれた頭の良さや才能といった部分が大きな要素を占めます。陸上競技と同じで、トレーニングによってある程度鍛えることはできますが、やはり限界があります。

一方「人間性」を磨くことや、「努力」を続けることは、本人の心がけ次第でいくらでもできます。

「人間性」とは謙虚さや誠意、思いやりということですが、たとえば部下の成長や幸福を心から願うとか、いつも相手の立場で物事を考えながら仕事をすることができる、といったことです。

こうした人は上司や同僚、部下、相手先などから高い信頼と協力が得られるので、仕事の成果もついてきます。

信頼され、なおかつ成果もあげているわけですから、当然出世していきます。

また「努力」とは、単にコツコツ真面目に働くだけではなく、ほかの人よりももう一歩、二歩戦略性を持ったり、工夫をしたりといったことをおこたらないということです。

「努力は人を裏切らない」

といいますが、努力にともなって実力は確実についていきます。

そして成果もあがるので、出世していきます。

このように出世をするためには、人間性を高めることや、努力を続けることが大切になります。仕事を通して自分を成長させたいという人こそ、出世をめざしてほしいと思います。

# リーダーとは、まわりの人に勇気と希望を与える人

## 本音で適切なコミュニケーションを

上司には、部下から尊敬や信頼を集めている人もいれば、そうではない人もいます。上下関係があるから、部下は上司の指示に仕方なくしたがっているけれども、心のなかでは「ちょっとこの人は人間的にどうかな？」と不満を抱いているというのは、よくあることです。

こういう上司は、管理職ではあっても、本当の意味でのリーダーではありません。「管理職＝リーダー」というわけではありませんし、「出世すること＝リーダーになること」でもないのです。

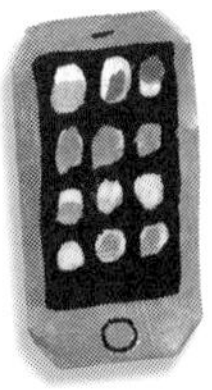

また仕事ができるからリーダーというわけでもありません。

私のリーダーの定義は、「まわりの人に勇気と希望を与える人」というものです。その人がチームのなかにいるだけで、まわりの人たちはピンチになったときでも「きっと何とかなるはずだ」と希望が持て、「もう少しがんばってみよう」という勇気が持てる。

そういう人がリーダーにふさわしいのです。

真のリーダーとしてメンバーをよい方向に導くことができれば、女性であっても立派な管理職として成果をあげていくことができます。

そしてそのとき大切なことは「本音で適切なコミュニケーション」をするということです。

それはスキルというよりも、心構えというかその人の基本的なスタンスのことです。

そのためには「相手を理解すること」が必要です。

人はそれぞれ持って生まれた才能や性格、環境があります。

得手不得手なことや個人的な事情があります。そういったことを十分理解することで組織のなかでしばしば起こる無用なトラブルを防ぐことができます。

相手を理解するためには「その人の話を謙虚にきくこと」が大事です。人の話を心を込めてきくということは話をするよりはるかに大切なことです。人はつい自分のことや考えばかりを口にしたがるものだからです。しかし自分の見方（真実）があれば、相手の見方（真実）があり、唯一絶対の真実はありません。相手を理解することこそ、円滑なコミュニケーションにつながるのです。

そして、ときには自分の個人的事情をオープンにすることも必要です。私の場合は自閉症の子どもとうつ病の妻がおり、しばしば仕事に影響があったため、まわりには家族の問題を説明していました。

人はそれぞれさまざまな事情を抱えて生きています。許される範囲でそういったことを共有することも本音のコミュニケーションには大切なことです。

## 「苦しいときには、私の背中を見て」の精神

そうやって若いうちからリーダーシップを磨いていると、管理職になったときに「肩書き」と「中身」の両方がともなった本物のリーダーになることができます。

私が優れたリーダーのひとりだと思っている人に、サッカーの「なでしこジャパン」で長らく代表をつとめてきた澤穂希選手がいます。

2008年の北京オリンピック3位決定戦の対ドイツ戦の試合前、キャプテンだった澤選手はほかのメンバーに対して「苦しいときには、私の背中を見て」といいました。

大きな大会で強豪相手に戦うときには、必ず相手に攻め込まれる苦しい時間帯が訪れます。

澤選手はこの試合でもそうした場面が訪れることを想定して、具体的な指示を出すのでなく、「苦しいときには、私の背中を見て」といったのです。

彼女は著書のなかで、リーダーとしての自分のスタンスをこんなふうに語っています。

今回のワールドカップ・ドイツ大会のドイツ戦前、ある記者の方からこんな質問を受けました。

「苦しい時間帯、キャプテンとして、どういうふうにチームメイトを引っ張っていくつもりですか？」

それに対してわたしは笑ってこう返しました。

「みんなが苦しいときは、わたしだって苦しいですから」と。

だってその通りで、正直そういうときは、わたしだってかなり苦しい。

苦しいけれど、自分がそこでさらにがんばって、みんなより走り続ける。これがわたしにとって一番大事な、リーダーとしての仕事だと思っています。

澤穂希『負けない自分になるための32のリーダーの習慣』（幻冬舎刊）

選手たちが苦しくて思わず足を止めそうになったとき、ふとキャプテンの澤選手の背中を見ると、だれよりも走っています。

「澤さんがあんなにがんばっているのだから、私もがんばらなければ」とみんな思います。

選手は彼女の姿を見て、フォワードならフォワード、ミッドフィルダーならミッドフィルダーという自分の役割を「しっかりと果たさなくてはいけない」という気持ちになるのです。

まさに彼女は「みんなに勇気と希望を与えられる人」だと思います。

## 本物のチームとは
## メンバー一人ひとりが
## 主体性を発揮できる

私は澤選手がリーダーとして優れているのは、メンバーの主体性を引き出せているところだと思います。

「私の指示に黙ってしたがいなさい」というタイプのリーダーだと、メンバーはいわれたことだけをこなすようになります。

けれども「苦しいときには、私の背中を見て」とリーダーからいわれたら、メンバーは背中を見ながら、「この場面で私は何をすべきか」を考えなくてはいけません。

その結果、メンバー一人ひとりが主体性を持って、自分の役割に取り組むようになります。

考えて行動するうちに、メンバーはどんどん成長し、チームも強くなっていきます。それができているのが澤選手です。


「苦しいときには、私の背中を見て」とは、なかなかいえることではありません。「苦しいときでも、私はだれよりも走ることができる。走ってみせる」という自信と覚悟がないと、できない発言だからです。

「私はとても澤さんのようなことは、みんなの前ではいえないな」と思われる方もいるでしょう。

でも最初はいえなくて当たり前です。

澤選手だって15歳のときに日本女子代表に選ばれ、そのころからリーダーシップを磨き続けた結果、自信と覚悟が身につき、やっといえるようになったはずです。

大切なのは、「いつかは私も澤さんのようなことがいえるようになったらいいな」という目標を持ちながら、少しでもまわりの人に勇気と希望を与えられる人になるようにがんばることです。

そうすれば、いずれ必ず優れたリーダーになることができるはずです。

# 女性らしさは生かしたほうがいいが、無理をする必要はない

## 共感力の高さを、リーダーとして

私は「女だから」「男だから」といういい方は、あまり好きではありません。女性にも男性にも、いろいろな性格やタイプの人がいるからです。

ですからリーダーとして仕事をしていくときも、「自分は女だから」「男だから」といったことにはあまりとらわれずに、自然体で自分らしさを生かしながら能力を発揮していくのが、一番いいのではないかと思います。

とはいえ一般的な傾向として、女性と男性とでは、物事の考え方や人との接し方に違いがあるのも事実です。

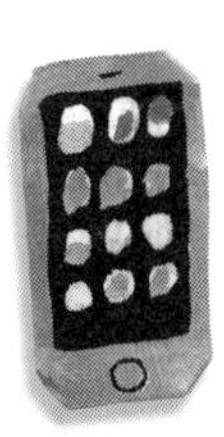

会話をしているときも「本当にそうだよね」とか「その気持ちはよくわかるよ」といった共感を示す言葉が、女性からはよく出てきます。

またしっかり相手の目を見ながら、うなずいたりほほえんだりといったリアクションをとるのも得意です。

一方男性は、共感を示す言葉はあまり出てこない傾向があります。

人から相談事を持ちかけられたときでも、「そりゃ大変だったね」といった言葉よりは、「そういう場合はこうすべきだよ」といったアドバイスの言葉が、まず口から出てきたりします。

また相手の話に対するリアクションも少ない人が多いようです。

こうした女性の共感力は、リーダーとして仕事をしていくときにも、生かすことができます。

部下からの報告や相談を受けるときに、うんうんとうなずきながら、共感を示す言葉をかけてあげることができたら、部下は「この人は私のことをちゃんと見てくれている。私のことを認めてくれている」という気持ちになります。

すると部下はリーダーに、報告や相談をしたり、意見やアイデアをいいやすくなったりします。上司も部下も、お互いを認め合い、自由に話ができる風通しのいい職場を作ることができるわけです。

管理職についているある女性は、女性リーダーの特徴として「ねばり強い人が多いと感じる」と話していました。

周囲から反対にあったときでも、すぐに怒ったりあきらめたりせずに、物腰柔らかに落ち着いた口調でねばり強く相手を説得できる人が多いというのです。

ただしこれは女性の特徴というよりは、いまリーダー層にいる女性たちが圧倒的な男性中心社会で働くなかで、身につけてきた知恵なのかもしれません。

「女性にいったい何ができるんだ」といった逆風のなかで、自分の立場を確立し、やりたいことを実現していくためには、ねばり強さが不可欠になると思うからです。

## 自分に合った
## リーダーシップのスタイルを
## 見つけよう

共感力やねばり強さを備えている人なら、リーダーとして人を動かすときにも、ぜひその力を自分の強みとして生かしてほしいと思います。でもそうではない人も、さほど気にする必要はありません。

リーダーに求められるのは、メンバーに勇気と希望を与えながら、「チームとして結果を残すこと」と「メンバーの成長をサポートすること」です。

そこさえしっかり押さえていれば、共感力やねばり強さに自信がなくてもあとは素のままにやっていけばいいのです。

私の以前の上司のひとりは、性格的に人をほめることができない人でした。

いつも部下を叱ってばかりいましたが、叱るのは本当に期待している人だけでした。

だから部下は叱られると「やっとあの人に叱ってもらえた」とよろこんだもの

です。みんなその人に叱られるようになることをめざして、仕事をがんばったものです。

一方でとにかく部下をよくほめるというリーダーも知っています。端《はた》から見ると「ちょっとほめすぎなのではないかな」と思うぐらいなのですが、ほめられた当人はすっかり気分をよくして、前向きに仕事に取り組むようになります。

無理をして部下をほめているわけではありません。

相手の長所を見つけてほめるのが得意なので、それを実践しているのです。

だいいち無理をしてほめたとしても、部下はすぐに気づいてしまいます。

10人のリーダーがいれば、10人のリーダーのスタイルがあります。女性らしさを生かすことも良いとは思いますが、自分に合ったリーダーシップのスタイルを見つけることが一番大切です。

第3章

# 男社会のなかで賢く働こう

# 男社会のルールを知って上手に働こう

組織は
男のルールによって
成り立っている

ある管理職の女性がこんなことを話していました。
「私も昔はそうだったのですが、女性のなかには、『組織にはメンバーが必ず守らなくてはいけないビジネスルールがある』ということに、気がついていない人が多いんですよね。失敗を何度かかさねて、やっと気がつくことになるんです」と。
彼女のいうビジネスルールとは、「課内でトラブルが発生したときには、まずは直属の上司である課長に報告や相談をするのが鉄則」です。

課長とソリが合わず、また部長から個人的に気に入られているからといって、いきなり課長を飛び越えて、部長に報告や相談をするのはNGということです。「男性の場合はビジネスルールを破る人はほとんどいないのですが、女性の場合はルールの存在を知らなくて、無意識のうちに破ってしまっている人も多いと思います」

と、彼女はいいます。

女性ビジネスコンサルタントとして長らく活躍したベティ・L・ハラガンは『ビジネス・ゲーム　誰も教えてくれなかった女性の働き方』（光文社刊）という著書で、「会社と軍隊は同じである」といっています。

会社の組織も軍隊と同じように、社長―副社長―役員―部長―課長―一般社員といったピラミッド構造になっています。

部長は課長から報告を受けたうえで課長に命令をし、課長は一般社員から報告を受けたうえで一般社員に命令をするというように、それぞれの階層に報告、決断、命令などがおこなわれているとハラガンは述べています。

「命令の鎖」によって組織は成り立っていることを改めて私たちに気づかせてく

れる内容です。

直属の上司である課長を飛び越えて、部長に報告や相談をすることは、「命令の鎖」を無視した行為にほかなりません。課長の役割や必要性を否定することになりますから、ビジネスルールとしてはやってはいけないことになるわけです。

男性は少年時代からチームスポーツや男の子同士の遊びを通じて、命令の鎖や役割のルールを自然に身につけていきます。

そしてこれまで会社は完全な男社会でしたから、男性は自分たちが身につけてきたルールを、そのまま会社で実践してきたわけです。

一方、子どものころからお人形遊びなどを通じていわゆる女の子らしく育ってきた女性の場合は、役割の掟を知らないままに大人になったことから、会社に入ったときに暗黙のルールを知らずとまどうことになるというのです。

私にもこんな経験があります。

私が課長だったとき、部下にとても仕事ができる20代後半の女性がいました。

ある朝彼女は通勤電車のなかで、私の直属の部長と偶然一緒になりました。

そこで会話を交わすうちに部長からすっかり気に入られ、毎朝のように同じ電車で通うことになりました。

彼女は課内での仕事について、いろいろと部長に話したようです。

あるとき私は部長に呼ばれ、「君の課はこんな仕事の仕方をしているみたいだけど、もっとこうしたらどうかね」といわれたのです。くわしい内容はもう覚えていないのですが、「どうして部長からそんな細かいことまでいわれなくてはいけないのだろう?」というような指示でした。

事業部としての全体の方針については、上司である部長の指示にしたがわなくてはいけません。

けれども課内での具体的なマネジメントや仕事のやり方は、責任者である課長に任されています。

部長から細かいやり方についてまで口出しをされたら、課長は自分が思うようなかたちでマネジメントができなくなってしまいます。

私が不思議だったのは、なぜ部長が課の細かいことまで把握しているのだろうか、ということでした。

それがある朝、部長と部下の女性が一緒に歩いて会社に向かっている様子を目撃したときに、「ああ、そうだったのか」とその疑問が解けたのです。

私は彼女を呼び出して、「組織にはタテのルールがあって、それを守らないと、課の運営が混乱してしまうことになる。部長と話をするのはいいが課の個別業務のことについては話さないように。できれば一緒に出勤するのはやめなさい」とはっきり指示をしました。

「命令の鎖」を意識しておくだけでも、組織のなかでかなり上手にやっていくことができるようになります。

会議やミーティングで議論をするときには、たとえ上司とは考え方が違っても、自分の意見をはっきりといっていいでしょう。議論は、みんなで意見を出し合いながら、よりよい結論を導き出すためにおこなうものだからです。

しかし議論を踏まえてリーダーが最終的に下した決断については、自分の意見はどうであれ、したがわなくてはなりません。

メンバーが同じ方向を向いて戦わないと、チームは勝つことができなくなるからです。

## 会社のルールを熟知し、それを利用する

会社の仕組みを熟知していると、上級者にもなれば、「命令の鎖」をうまく利用しながら、自分の思惑どおりに物事を運んでいくことも可能になります。

私は課長時代、自分が進めたいプランがあるときには、二段上の上司を攻略することを心がけていました。

二段上の上司とは、自分にとって直属の上司である部長のもう一段上の上司という意味です。

二段上の上司と関係を築いておいたうえで、「私の課ではこんなことをやりたいと考えているのですが、どう思われますか」と相談を持ちかけて、その上司から賛同を得ておきます。

すると私がそのプランについての提案をしたときに、部長は反対だったとしても、二段上の上司が賛成に回れば、提案は採用になります。

「命令の鎖」のなかでは、直属の上司が下した決断には部長はしたがわざるを得

ないからです。

ただし私が、二段上の上司に根回しをしていることがわかったら、当然部長としては不愉快でしょう。

そこで肝要なことは、部長への報告の仕方です。

私の場合は「たまたまエレベーターの前で○○さんにお会いしましたので、この案件についてうかがったところ、このようにおっしゃっていました」というふうに報告していました。

本当は自分のほうから二段上の上司の部屋を訪ねて相談をしたのですが……。

どんなに優秀で、志が高い女性でも、男社会のルールを知っておかないと仕事はうまくはいきません。


男社会のルールを学び、ルールにしたがって行動できるようになるだけではなく、ちょっとずる賢くルールを利用できるぐらいになってください。

伝統的に男性中心社会であった企業には、それぞれの組織内で培われてきた独特の文化やしきたりがありますが、それらは総じて明文化されることなく、マジョリティである男性の間で暗黙のうちに築かれ、共有、伝承されています。

この排他的で非公式な人間関係や組織構造をさして「オールド・ボーイズ・ネットワーク」と呼ぶようです。社内の派閥や飲み仲間、経営者の親睦団体などネットワークの形態はさまざまです。

男性はこうした人脈を通じて情報交換をしたり、仕事の何たるかを学んだりしていきます。

それに対し、女性はほとんどの場合ネットワークからはずれているため、組織の文化や暗黙のルールも伝わりにくいようです。

女性がこの「オールド・ボーイズ・ネットワーク」の障壁を乗り越えるためには、自らも男女を問わずネットワークを重視し、組織内のキーパーソンとの人脈を積極的に作るなど、女性自身の意識改革と行動が必要なのです

# 「嫌われてもいい」と腹をくくろう

## できる女は嫌われる!?

先のシェリル・サンドバーグは著書のなかで、「できる女は嫌われる」ということを実証したある実験を紹介しています。

コロンビア大学ビジネススクールのフランク・フリン教授とニューヨーク大学のキャメロン・アンダーソン教授が、職場における男性像、女性像をたしかめる実験を二〇〇三年に行った。ハーバード・ビジネススクールのケーススタディから、実在する女性起業家ハイディ・ロイゼンのケースを取り上げ、学生に読ませたのである。ケー

スではハイディ・ロイゼンがベンチャー・キャピタリストとしてどうやって成功したかが説明されており、「強烈な個性の持ち主で……ハイテク分野の著名な経営者にも顔が広かった。こうした幅広い人脈を活用して成功した」とある。実験では学生を二つのグループに分け、第一グループにはこのケースをそのまま読ませ、第二グループには主役の名前だけを変えて読ませた⁇　ハイディという女性名から、ハワードという男性名に。

そしてフリンとアンダーソンは、学生たちがハイディとハワードから受けた印象を調べた。能力面では学生たちは両者を同等に評価した。当然である。ストーリーはまったく同じなのだから。ところが学生たちは、ハイディとハワードの能力に対して同じように敬意を払ったにもかかわらず、ハワードのほうを好ましい同僚とみなしたのである。ハイディのほうは自己主張が激しく自分勝手で「一緒に働きたくない」「自分が経営者だったら採用しない」人物とみなされた。情報はそっくり同じで、ちがうのは性別だけである。それなのに、これほどちがう印象が生まれたのだった。

シェリル・サンドバーグ『ＬＥＡＮ　ＩＮ』（日本経済新聞出版社刊）

ちなみに実験に参加した学生のなかには、男性もいれば女性もいます。ビジネスで成功した男性は、男性からも女性からも好かれるのに対して、ビジネスで成功した女性は、男性からも女性からも嫌われることが明らかになったわけです。

もしかしたらみなさんも今後、同じような場面に遭遇することがあるかもしれません。

上司になったら、部下を叱らなくてはいけないときが出てきます。また重要な会議に出席したときに、自分の意見を明確に主張しなくてはいけないこともあります。

こうした場合、男性が部下を叱ったり自己主張したりしてもすんなりと受け入れられるのに比べて、女性が同じことをやると「あの人は高圧的だ」とか「偉そうでつきあいにくい」といった評価を下されてしまうかもしれないのです。

組織のなかのリーダーシップは男性の役割で、女性は男性のサポート役。だから女性が男性のような自己主張や行動をするのは、好ましくないことだとみなされてきました。

欧米社会でさえも、女性の社会進出が進んだのは、それほど昔のことではありません。日本についてはまだまだこれからです。

だから私たちは「女性は控えめなほうがいい」という古い価値観から、抜け出すことができないでいるのです。

## 女性にとっては、いまが胸突き八丁

女性が男性と同じ振る舞いをしたときに、まわりの人から嫌われるかもしれないとなると、強く自己主張をしたり、目立つ行動を抑えようとしたりする意識が働くと思います。誰だって人から嫌われるのはイヤなものです。

しかしむずかしいのは、チームを引っ張っていく立場になったときには、主張すべき場面ではしっかりと主張しないと、結果を残すことはできないということです。

私は女性にとっては、「いまががんばりどころかな」と思っています。

今後女性の社会進出がさらに進み、女性リーダーと男性リーダーの割合がほとんど変わらない時代が来れば、だれも「女のくせに」とは思わなくなるでしょう。

しかしいまはまだ女性リーダーが少ないのでその存在に慣れていないせいか、多くの人から「女のくせに」と思われてしまいます。

けれども「女のくせに」と思われるのがイヤで、一歩を踏み出すのをためらっていると、いつまで経っても社会のなかで女性リーダーは増えていきません。

だからこそ、勇気を持って「多少嫌われたってかまわない」と腹をくくり、無理のない範囲でがんばってほしいと思います。

多くの女性がそういう気概を持って行動することで、いずれ世のなかは大きく変わっていきます。

正しいことをおこなっていれば、見ている人は見てくれています。

私はまだ世のなかが「サラリーマンは長時間労働で働くのが当たり前。夜遅くまで働く社員が、一生懸命がんばっている社員」という風潮だったころから、いまでいうワーク・ライフ・バランスを主張し、自ら実践してきました。

そんな私を周囲の人は、ちょっと変わった人間として見ていたと思います。

しかし自分の考えを貫き行動していくうちに、少しずつ共鳴者が増え始めました。

いまでは社会全体がワーク・ライフ・バランスの実現に向けて動き出し始めています。

「自己主張をすると嫌われるかもしれない」といっても、自己本位の主張ではなく、会社やチームやメンバーのことを考えたものであれば、理解し、応援してくれる人が必ずあらわれます。

そういった理解者や応援者が、きっとあなたを支えてくれるはずです。

これから苦しい場面に遭遇したときには、「きっといまが正念場」と自分に言い聞かせて、少しだけがんばってもらえるとうれしいです。

# 男性の「警戒心」にどう向きあうか

## 手のひらを返したように態度が変わる男性社員

「部長や役員に昇進した途端に、同年代や年上の男性社員の自分に対する態度が変わった」

という経験をする人がいます。

それまでは、同年代や年上の男性社員とは良好な関係を保っていて、困ったときには助けてくれたこともあったのに、自分が出世をした途端に、手のひらを返したようによそよそしい態度をとる男性社員がいるというのです。

距離を置かれるだけならまだしも、必要な情報を与えてくれないなど、露骨に非協力的な態度をとられることもあるようです。

それまで、男性社員たちは彼女のことを、自分よりも立場が下で、「自分を脅《おびや》かすことなどない存在」と思い込んでいたのでしょう。特に年上の男性社員などは、「職場の後輩の女の子で、何かと気がきいて仕事もできる○○ちゃん」くらいの気持ちで、彼女に接していたのかもしれません。

ところが彼女が昇進を果たしたことによって、男性は彼女のことを「自分の立場を脅かす存在」として認識し、警戒するようになったわけです。

男性からよそよそしく非協力的な態度をとられることは、大変つらいし、腹が立つことです。けれどもこんなときにも、やはり「いまががんばりどころだな」と自分に言い聞かせるしかないと思います。

男性社員は、同性の同僚が自分のポジションを脅かす存在になった場合には、手のひらを返したように急に態度が変わるようなことはあまりありません。なぜなら最初からライバルとして認識しているからです。

ところがライバルとはみていなかった女性が、急にライバルになったものだから、そうした態度をとってしまうのです。

女性でも管理職になることが当たり前の時代になっていけば、男性の態度が手のひらを返したように急に変わることは、もっと減っていくはずです。いまががんばりどころなのです。

## 淡々と仕事に取り組み、結果を残す

昇進によって周囲の態度が変わったというようなときには、自分がやるべき仕事に淡々と取り組んでいくしかないと、私は思います。

腹が立つでしょうが、一段も二段も高い視点に立って、相手のことを考えるようにしてみてはどうでしょうか。

女性が昇進したからといって態度を変えるような男性は、はっきりいって古い価値観の持ち主です。

ですから、「きっと彼は、私に追い抜かれたのがおもしろくないんだろうな。まあそれはしかたがない」と、相手を理解してあげるぐらいの気持ちになれれば、精神的に余裕が出てきます。

ただし理解したからといって、特別なことをする必要はありません。変に優しくすることも、張り合おうともせず、何も気にしていないかのように相手に接すればよいのです。

そしてなによりも大切なのは、あなたはしっかりと仕事で結果を残すことです。結果さえ出せば男性もその実力を認めざるを得なくなるからです。

聡明な男性であれば、自分がとっている態度がいかに愚かなものであるかに気づきます。もし気づかないとすれば、その程度の男だったということです。

やがて女性と男性がフィフティ・フィフティの関係で、お互いに協力しながら組織を動かしていく時代が必ずくるはずです。

いまはそうなるまでの過渡期だと思って、どうかちょっとだけしんぼうしてください。

第4章

# 苦しいときこそ、成長のチャンス

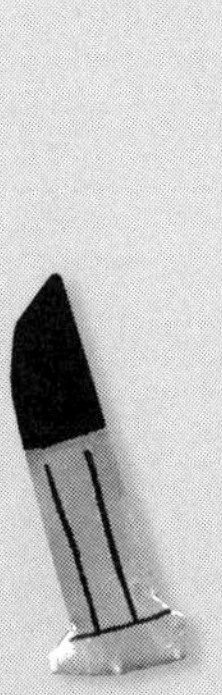

# 与えられた職場で最大限の努力を

## そこで結果を残さないと、次のチャンスはやってこない

会社に勤めていれば、自分が希望していない部署に配属になる可能性はだれにでもあります。

特に女性の場合は、人事や広報、宣伝、経理といった管理部門に配属されやすい傾向にあります。

こうした部署に女性が配属されるのは、営業や製造の現場は何かとハードなことが多いため、女性は内勤のほうがいいだろうという会社側の「配慮」によるものでしょう。

私は「女性だから内勤のほうがいい」「男性だから現場に出そう」といった決めつけは、まったくナンセンスだと思っています。

本来はそれぞれの向き不向きや、本人の志向、会社の育成方針などに基づいて、適材適所の人員配置をすべきです。

事実、会社によっては本人の適性や希望を考慮しながら、女性でも積極的に営業部門や製造部門に配置しているところもあります。しかしまだそうなっていない会社が多いのも現実です。

みなさんのなかにも、「本当は営業がやりたかったのに、女性というだけでお客様相談の部署に配属になってしまった」といった人がいるのではないでしょうか。

では自分が望んでいない部署に配属になったときには、どうすればいいのでしょうか。

答えはひとつです。

どんな部署に配属になったとしても、とにかくその部署の仕事に全力で取り組み結果を残すことです。なぜなら与えられたところで結果を残さない限り、次の扉は開かないからです。

ある出版社の若手社員は、編集職を希望していたのに、入社後に配属になったのは営業部でした。出版社の営業担当は、書店を回って自社の本の売り込みをしたり、販促についての提案をしたりといったことが主な仕事です。

彼女は営業の仕事に前向きに取り組んではいますが、心のなかでは「自分ががんばればがんばるほど、『彼女は営業に向いている』とまわりから評価されて、ますます編集部に異動できなくなるのではないか」というジレンマを抱いています。

気持ちはわかりますが、それでもやはりいまの仕事をがんばることが大事だと思います。もし不本意な仕事だからといって手を抜いたら、上司からは「彼女は仕事に対する意欲がない人間だ」とみなされることでしょう。上司や会社は、そんな人間の異動希望をきいてくれません。

また仕事の手を抜くことは、自分の成長にとってもマイナスです。手を抜けばそのぶんだけ、ムダな経験をしたことになります。

一方、手を抜かずに仕事に取り組み、結果を残した社員については、会社もその社員の要望に耳を傾けるようになります。優秀な社員には、よりむずかしい業務をしてもらうほうが、会社にとってもメリットになるからです。

ですから大切なのは、たとえ不本意な配属であったとしても、与えられた場所で結果を残すことです。結果を残したうえで、「私は本当は〇〇がやりたいんです」と上司や会社に申し出たらいいでしょう。まずはその場所で努力し、結果を残すことによって必ず道が開けてくると、みなさんにはお伝えしたいです。

## どんな仕事も、本質はほとんど変わらない

また最初は興味がない仕事でも、その仕事に真剣に取り組むうちに、次第におもしろさに気づくようになります。

イヤだったはずの仕事が、気がつけば大好きになっていたりするのです。

私はどんな仕事でも、仕事の本質はさほど変わらないと思っています。ということは、おもしろさも変わらないということです。

私は営業部に配属になったときに、そのことを実感しました。

入社以来20年間、私は企画や管理の仕事にたずさわってきました。

ところが経営企画室にいたときに、当時の社長から直接「君は管理の仕事しかしていないから、今度は営業の勉強をしてきなさい」といわれ、営業課長に任命されました。

「これは困ったことになったな」と思いました。

しかし、しばらく働くうちに、「営業の仕事も、企画や管理の仕事も、根本はほとんど同じだ」と気がつきました。

営業の仕事をひとことでいえば、お客様の課題やニーズを的確につかみ、それに応えるためにはどんな商品やサービスを提供できるかを考え、お客さんにわかりやすく伝えていくというものです。

企画や管理の仕事も、営業と似ています。

企画・管理部門にとってのお客様は、社内の生産部門や開発部門、営業部門のスタッフや、社長や役員といったトップマネジメントです。彼らの課題とニーズをつかみ、企画を考え、提案をしていくというのが企画・管理部門の役割です。

必要となる専門知識や技能、仕事をする相手は違いますが、やっていることは営業部門も企画・管理部門もほとんど違いはなかったのです。

また相手から「うちが抱えている課題を解決するために、こういうものがほしかったんだ。ありがとう」とよろこんでもらえることが、自分にとっても大きなよろこびになるという点も変わりません。

それに異なる業務を経験するということは、その人の視野を広げ成長させます。どんな仕事も本質は変わらないということに気づくと、「どうしてもこの部署でなくてはイヤだ」といった、こだわりはなくなっていきます。

どんな部署に配属になっても、そのなかで仕事のおもしろさやよろこびを見つけて取り組むことができるようになるのです。

ただし「商品やサービスの改善にコツコツ取り組むのは得意だけど、人と交渉するのは苦手」といったように、人によって向いている仕事と不向きな仕事があるのも事実です。

そこで今度は「どんな仕事も本質は変わらないけれども、そのなかで自分の強みを生かせる部署や仕事は何だろう?」という視点で、自分が希望する部署ややりたい仕事を考えるようになります。

単なるイメージで「私も花形のあの部署に行きたいな」と考えていたときとは、意味や深さが違ってきます。

くり返しますが、不本意な部署に配属になったときこそ、いま目の前にある仕事に全力で取り組むようにしてください。

すべての道は、そこから開けてきます。

# 不本意人事は、長い目で見れば自分の役に立つ

## 日陰で苦労してきた人のほうが成長する

会社から人事異動を告げられたときの会社員の心の内は、そのときどきでさまざまです。

自分が希望する部署や、花形とされている部署へ異動となったときには、よろこびでいっぱいになりますし、左遷人事の憂き目にあったときにはがっくりきます。これまで自分がキャリアを積み上げてきた部署とは畑違いの部署への異動が決まれば、期待と不安がないまぜになります。

私も40年間のビジネスマン生活の間、いろいろな部署への異動を経験しました

が、ありがたいことに不本意人事はほとんどありませんでした。

会社のトップが私に期待をかけてくれ、明確な育成方針のもとにさまざまな部署を経験させてくれたからです。

たしかに営業への異動を命じられたときにはとまどいましたが、「佐々木に営業を経験させることで、視野を広げさせたい」というトップの狙いは理解できましたから、納得のいく人事でした。

唯一かつ最大の不本意人事は、せっかく取締役に就任したにもかかわらず、わずか2年で解任され、関係会社に出されてしまったときです。あのときだけは本当にショックでした。それまで私は「この会社のトップになる」という気迫でがんばってきましたから、その人事を告げられたときには愕然とし、しばらくは立ち直ることができませんでした。


けれども人生がおもしろいのは、陽のあたる道を歩いていて挫折を知らない人が必ずしも大成するとは限らないし、ずっと日陰の部署で苦労してきた人がそのままで終わるとも限らないということです。

ある50代の国家公務員の女性は、ご自身の公務員人生を振り返って、

「私も不本意な人事をいくつも経験してきましたが、長い目で見ればすべていまの自分に役立っていると感じます」

といっています。

彼女は、国家公務員試験に合格したいわゆる〝キャリア組〟ですが、就職した30数年前は女性が霞が関で働くのは大変なことでした。

国家公務員の場合、試験に合格しても省庁ごとにおこなわれる採用面接にパスしないと入省できません。当時の各省庁の女性の採用数は本当にごくわずか。

そうしたなかで彼女はみごとパスしましたが、採用面接のときに面接官から、

「女性は採用してもすぐに辞めてしまうんですよね。あなたは『働き続ける』といいますけれども、前例がいくつもありますから、私は信用していません」

ときっぱりいわれたそうです。

そして働き始めてからも、女性ということで、男性職員よりも出向の回数が明らかに多いなど、誰が見ても公平とは思えない人事を経験することになりました。

しかし彼女はあるときから「これはきっとすべて自分の糧になる」と思ったとの

ことです。

「いろいろな省庁に出向したことによって人脈が広がりましたし、ほかの省庁の方たちのモノの考え方や仕事の進め方を学ぶこともできました。また自治体への出向や、出先機関などの地方勤務が多かったこともプラスになりました。たとえば通達を出すときでも、『おそらく自治体の方々はこの文書をこんなふうに読みとるだろうな』というように、相手の立場に立ってリアルに想像力を働かせることができるようになりました。不本意人事を経験したからこそ、私は視野を広げることができました」

そして彼女はこう続けます。

「不本意な部署に異動になったときには、本当につらいものです。でもそのときは苦しくても、あとから振り返ってみると得たものがたくさんありました」

彼女だけではありません。

私がいろいろな人を見てきた経験でも、日陰といわれるような部署を経験してきた人のほうが、人間としてより強くなります。

中堅やベテラン社員になってから伸びてくるのは、花形部署ばかりをわたり歩いて苦労知らずでやってきた人よりも、不遇な場所に置かれたときでも与えられた仕事に真剣に向き合ってきた人に多いのです。

## 不本意人事をチャンスに変えていくコツ

私は、不本意人事を本当の不本意人事にするかどうかは、自分次第だと思っています。

西洋のことわざに「悪いことは、いいことのためにのみ起きる」という言葉があります。

悪いことが起きたときに「なんて自分は運が悪いんだろう。もうダメだ」とあきらめてしまう人は、運が悪いままで終わってしまいます。けれども「これは自分を伸ばす絶好の機会だ」ととらえられる人は、運の悪さをチャンスへと変えていくことが可能になります。

たとえばジリ貧商品しか扱っておらず、業績が思わしくない営業部に異動になったとします。お客様のところに営業活動に行ってもまったく相手にされません。会社に帰れば上司から「何をやっているんだ」と怒られます。

けれどもそこでめげずに、「どうすればうちの商品をお客様に買ってもらうことができるだろう」と必死にマーケットリサーチをし知恵を絞り行動します。その結果、売上を伸ばすことができたとしたら、その営業ウーマンは鬼に金棒です。

ジリ貧商品さえ売ることができるのだから、シェアトップの商品を扱っている花形営業部署に異動になったときには、容易にトップ営業の座をつかみとることができるでしょう。

仮に売れなかったとしても、そうした努力は必ず自分を成長させます。人には運のいい時期もあれば、運の悪い時期もあります。運のいい時期が巡ってきたときに、能力を発揮できるかどうかは、不遇な期間にどれだけ力を蓄えてきたかによって決まります。

不本意人事こそが、人を鍛えるのです。

「どんな経験も、すべて自分の糧になる」

そう考えられる人は、不本意人事さえも肯定的に受け入れられるようになります。

# 転職すべきとき、転職してはいけないとき

## 本当に転職をする必然性はあるのか!?

「仕事は一生続けていきたい」と考えている人でも、「いまの会社のままでいいのだろうか。転職すべきではないか」と悩むことはあると思います。

私は転職については慎重派です。

なぜなら、転職が失敗に終わった例をたくさん見てきたからです。高収入を求めて外資系企業に転職したけれども、実績をあげることができずに、かえって収入が落ちた人。職場の人間関係に不満を感じて転職したのに、転職先の人間関係のほうがもっと悪かったという人など。

もちろんなかには成功した人もいます。

しかし成功するか失敗するかはある意味「賭け」です。

ですから転職をする必然性がある人以外は、慎重になったほうがいいと思うのです。

また35歳をすぎたぐらいから、男女ともに転職市場は狭き門になります。

高い専門技術を身につけた人やマネージャー経験がある人が対象となり、そうでない人の募集は限られてきます。また募集するのは、比較的規模が小さな会社が中心になります。

そうしたなかで転職するとなると、待遇面等の条件が悪くなることを覚悟しなくてはいけません。


それでも、転職する必然性がある人もなかにはいます。

ひとつには「やりたいことがほかに明確にある」ケースです。

自分の人生でどうしてもやり遂げたいことが出てきたけれども、いまの会社ではそれはできないとなると、転職するしかありません。

また「いまの会社で働き続けても、どう考えても将来はない」と判断したケースも転職したほうがいいでしょう。

現在横浜市長をつとめている林文子さんが、高校を卒業して最初に就職したのは私がいた会社でした。1965年のことです。

ほかの大手メーカーもそうでしたが、当時の高卒の女性社員は、会社からはアシスタントの役割しか求められていませんでした。

バリバリ働きたいと思っても、道は完全に閉ざされていました。

そこで林さんは数年で退職し、転職をいくつかかさねたあとに、自動車販売会社の営業職につきます。車の営業職であれば、女性でも男性と対等にチャンスを与えられるからです。

そして林さんはめきめきと頭角をあらわし、トップ営業になったのです。

ですから林さんにとって転職をしたことは、大正解でした。

もしあのまま最初に入社した会社に踏みとどまっていたら、トップ営業ウーマンから横浜市長にまでなった現在の林さんはなかったはずです。

## 少し待てば、
## 状況は変わることが多いもの

転職を考える人のなかには、「上司との折り合いが悪い」「職場の人間関係がイヤ」「いまの仕事が耐えがたいほどつまらない」といったことが理由になっている人もいるでしょう。

ただしそのとき考えてほしいことは、「その状況が今後もずっと続くのか」ということです。

小さな会社に勤めていて、職場のメンバーが固定化され、仕事内容も決まっている場合は、状況の変化を期待するのはむずかしいでしょう。「これ以上自分の努力ではどうしようもない」と判断したときには、転職してもいいと思います。

しかしある程度規模のある会社なら、定期的な人事異動があるはずです。折り合いの悪い上司の下で働いていたとしても、2、3年後には、自分か上司のどちらかが異動になります。2年先、3年先さえも待てないときには、人事部に「異動願い」を出すという手もあります。

また「いまの仕事がつまらない」という人も、部署が変われば仕事内容も変わり、前向きな気持ちになるかもしれません。

多くの人は、転職しなくてもいい理由で辞めているように思います。辞めなくても、少しだけ長い目で待つことや、こちらから働きかけることによって状況は変わるのに、それができずに転職している人が多いように感じるのです。

転職は、結構大きなリスクをともないます。転職を考えてしまったときには「本当にその必然性があるのだろうか」と、自分自身に問いかけてみてください。

# 自分に合った転職先は五感を働かせて見つける

## 「転職によって何を得たいのか」を明確に!

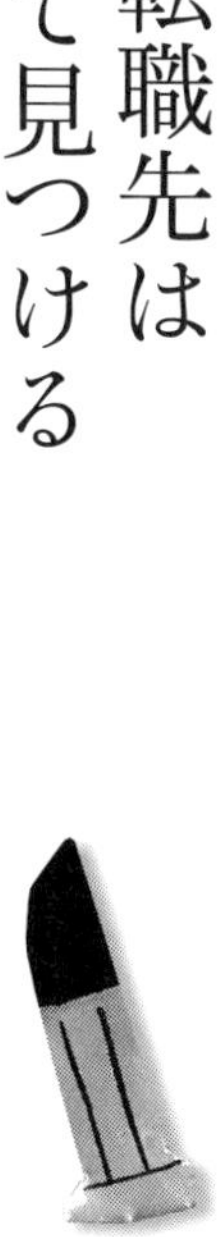

「いまの会社で働き続けても、将来はない」と判断して、転職したとします。その際には何年後かに振り返ったときに、「やはりあのとき会社を移ってよかった。私の判断は間違ってなかった」と思えるような転職にしたいものです。

ただし転職をする会社が、前の会社よりもすべての面で勝《まさ》っていることは、まずありません。「前職よりも仕事のやりがいはあるけれども、収入面では落ちる」といったように、得るものがあれば失うものもあるものです。

ですから転職をする際には、「自分は転職によって何を得たいのか」という最優先事項を明確にすることが大事です。たとえば「女性でも活躍の門戸が開かれている」「マネジメント職の経験を生かすことができる」といったことです。そして最優先事項を実現させるためには、ほかの魅力的な事項についてはあきらめる覚悟も必要となります。

また「社風や職場の雰囲気が、自分に合うか」も、転職先を決めるときの重要な判断項目になります。条件面は整っていても、居心地が良くないというのでは、毎日職場に通うのが苦痛になります。

しかし転職前にこれを判断するのはなかなか大変です。大企業であればインターネットなどで情報を収集することで、社風や職場の雰囲気についても想像を働かせることがある程度可能ですが、小さい会社の場合はそうはいきません。

## オフィスの前でしばらくの間立ってみよう

こんなときは五感を働かせることが重要になります。

ある女性は新卒での就職活動の際、会社説明会などでの社員の様子をチェックしたといいます。

すると広告などではさわやかなイメージを前面に押し出している会社なのに、実際に社員に会ってみると暗くて無口な雰囲気の人が多く、「この会社は自分には合わないかも」と思ったそうです。

逆に地味なイメージだった会社が、明るくて気さくな社員が多く、結局彼女はこの会社を選択しました。そのとき抱いたイメージは入社後も変わることはなく、「私の会社選びは正解でした」と彼女は話していました。

転職活動の場合は、会える人の数は限られるかもしれませんが、面接のときの面接官の発言内容や話しぶりなどから、どんなトップや上司の下で働くことになるかについては、ある程度はイメージができます。

また社内の雰囲気を知るために、面接のときに「社内を見学させてもらえませんか」と直接頼んでみるのもいいでしょう。

お昼時に会社ビルの入り口にしばらく立ってみて、出入りする社員を観察してみるのもオススメです。

社員がどんな表情でオフィスから出てくるか、どういう会話を交わしているか、どんな服装をしている人が多いかといったことをチェックすると、その会社の雰囲気がだんだんと見えてきます。

後悔のない転職を実現するためにも、優先順位を明確にすることと、五感をめいっぱい働かせることを大切にしてください。

# 困ったとき、悩んだときに助け合える関係を作る

## プライベートな事情も、ときにはオープンに

「家庭の事情を会社に持ち込んではいけない」という人がいます。でも最近では多くの人が、それは無理だということに気づき始めています。

保育園に預けている子どもが熱を出したという連絡が入れば、会社を早退して子どもを迎えに行かざるを得ません。そんな女性社員の姿を見て、仕事よりも家庭を優先したことに、内心顔をしかめている男性もいると思います。けれどもその男性が仕事だけに専念できるのは、子どものことはすべて妻に任せているからです。自身が子育てしながら働かざるを得ない立場になったら、「家庭の事情を会

社に持ち込んではいけない」などとはいわないでしょう。

家庭の事情を抱えながら仕事との両立を図るには、職場のなかでお互いの状況をある程度オープンにすることが大切です。

たとえば、重い病気のために子どもを頻繁に病院に連れていかなくてはいけない人がいたとします。その事情をみんなに話しておけば、欠勤や午後出勤が多くなってもまわりは理解してくれます。

以前テレビ番組で、妻が単身赴任中のため、家事と育児をすべて自分が引き受けながら働いている男性社員が紹介されていました。職場に事情を話し、妻の単身赴任中、できる限り残業なしで働かせてもらうようにしていると話していました。

なかにはプライベートな事情を抱えておらず、いつも助ける側にまわってばかりということになる人も出てくるでしょう。そういう人は「いずれ助けてもらわなくてはいけないときが訪れるかもしれないので、いまのところは助ける側にまわろう。世のなかは持ちつ持たれつだ」と思うことです。

ご近所さんとのつきあいも同じです。

最近は近所づきあいが希薄になっています。そのため困ったときにまわりの人に、「助けて」と声を出すのは、勇気がいることかもしれません。でも一歩を踏み出してほしいのです。

私も近所の方にはずいぶん助けてもらいました。

小さなことのように見えて、思いのほか大変だったのが、たとえば市役所に住民票を取りにいくといった役所関係の手続きでした。

私は毎朝8時に会社に着くように出勤していました。

ところが市役所が開くのは朝9時。そこから手続きをすませて電車に乗ると、会社に到着するのは10時半ごろになります。つまり2時間半のロスが生じるわけです。ロスを挽回して定時に仕事を終わらせるのは大変なことです。

そこで私は近所の奥さんに「申しわけないのですが、市役所に住民票を取りにいってくれませんか」と、お願いしてみました。すると奥さんは「いいですよ。買い物のついでに行ってきます」と気軽に引き受けてくださいました。

先方からすると買い物ついでにできる、ほんの小さな手助けだったかもしれませんが、私としてはその親切がどれだけありがたかったことか。私が仕事と家庭の両立をすることができたのは、自分ひとりの力ではありません。職場のメンバーや近所の人が協力してくれたからできたことでした。

## 困ったときには声を出す、困っている人には声をかける！

プライベートなことを打ち明けることは勇気がいることです。私もそうでした。「イヤな顔をされたり、引かれてしまったりしたらどうしよう」と不安だったものです。

けれども案ずるより産むが易しでした。多くの人が私の事情に理解を示してくれ、「困ったときには気軽に声をかけてください。協力しますよ」といってくれたからです。

最近日本では、うつ病になって休職や退職に追い込まれる人が増えています。困りごとや悩みごとがあったとき、人の助けを借りることができずにひとりで抱え込む人が多いからだと思います。

だからこそ、そんなときには声を出してほしい。「ＳＯＳ」を発信すれば、助けてくれる人が必ずあらわれます。悩みごとは人に話すだけでも、心が楽になります。

そして自分のまわりに困っている人や悩んでいそうな人がいるときには、見て見ぬ振りをせずにひと声かけてあげてください。

私も社内で、「これは様子がおかしいぞ。もしかしたらうつ病かもしれないな」と感じた社員には、自分の部下であるなしにかかわらず、声をかけるようにしていました。いまはうつ病の治療は進んでいて、初期の段階であれば薬でかなりの確率で治るといわれています。だからまわりが異変に気づいたら、すぐに動くことが大事です。

職場でそんな関係が作ることができたら、社会も会社も、もっと働きやすくて居心地のいいところになるはずです。

第5章

# 仕事も家庭も
# どちらも
# あきらめてはいけない

# 共働きは経済的メリットが大

## 家計の余裕は何事にもかえがたい

私が結婚をしたのは1971年。当時の女性は結婚すると仕事をやめて家庭に入るのが一般的でした。

妻は看護師の資格を持っていたので、私は働いたほうがいいと思っていました。けれども彼女は料理などの家事が大好きで「結婚したら家のことに専念したい」という思いがあったのと、彼女の両親の希望もあって、専業主婦になりました。

私自身は、女性は結婚後や子どもが生まれたあとでも、状況が許せば仕事をや

めずに働き続けるほうがいいと思っています。

女性のキャリアや自己実現のためだけではなく、家庭生活の上でメリットが大きいからです。いまはまだ結婚していない人も、生涯働くことを前提にライフプランを立てたほうがいいと思います。夫も妻もフルタイムの正社員で働いた場合、男女の賃金格差を考慮に入れなければ、収入は単純に2倍になります。

特にいまの時代は、給料が右肩上がりでどんどん上がっていくことは期待できなくなっていますから、2人で働いて稼ぐことはとても大切です。

## 共働きは、夫の精神的な負担を軽くする

もうひとつは、収入源が2つあることにより、精神的にも安定できることです。妻が専業主婦だったり、働いていてもパート勤務で収入が限られていたりすると、生活維持のためには夫の収入に頼ることになります。

夫はよほどのことがない限り、仕事をやめられなくなります。

仕事に対するプレッシャーや職場の人間関係などから、うつ病予備軍の状態になっている人は世のなかにたくさんいます。

カウンセリングを受けたり、ゆっくり休養をとったりすることが大切なのですが、妻や子どものことを考えると、簡単には仕事を休めません。

そのため無理をかさねているうちに、さらに症状が悪化していくといったことがよくあります。

こんなときパートナーが働いていれば、「当面の収入は何とかするから、しばらくの間ゆっくり休んで」と、一方に声をかけることができます。

パートナーとしては、相手の様子がいつもと違うことに薄々気がついているのに、自分自身に十分な収入がないために、「休んで」のひと声がかけられないことほどつらいことはありません。収入確保の分散は、そういう意味でも大切です。

男性のなかには、妻が働くことを快く思わない人もいるようですが、共働きは夫の精神的な負担を軽くするメリットがあります。

共働きだと精神的に楽になるのは、妻の側も同じです。

ある女性は、「仕事で難題に直面したときには、『夫も働いているのだから、本当に苦しくなったら会社なんていつでも辞められる』と考えるようにしています。すると心に余裕ができて、逆にがんばることができるんですよね」と話していました。

目の前にある重い荷物を「自分ひとりで背負わなくてはいけない」と考えると、人はそれだけで苦しくなってしまいます。

けれども「もうひとり背負ってくれる人がいる」となると、元気が出てきて、自分もがんばることができるのです。

仕事に対しての思いや夢をお互いに理解し、応援し合っている「同志」のような関係になるのが、共働き夫婦の理想です。

仕事に関する深い話が対等な関係でできることは、お互いにとって大いに刺激になります。パートナーとの会話のなかから、仕事に関するアイデアを得ることや、直面している問題の解決の糸口がつかめることも多いはずです。

ですから精神的に楽になるだけではなく、お互いを高め合える夫婦になるためにも、私は共働きをオススメします。

# 子どもが生まれても いまの仕事を 手放さないで!!

## 生涯賃金に 大きな差

最近では、結婚をきっかけに退職をする女性はずいぶん減りましたが、妊娠や出産をきっかけに退職する女性はいまでもたくさんいます。

国立社会保障・人口問題研究所「出生動向基本調査」（2010年実施）によれば、約6割の女性が出産前後のタイミングで仕事をやめているという結果が出ています。

ただし専業主婦になりたいわけではなく、多くの人は子育てが一段落したら、いずれまた仕事に復帰したいと考えているようです。

「子どもが小さいうちは、仕事よりも子育てを優先したい」という女性の気持ち

## 女性の年齢別有業率（M字カーブ）

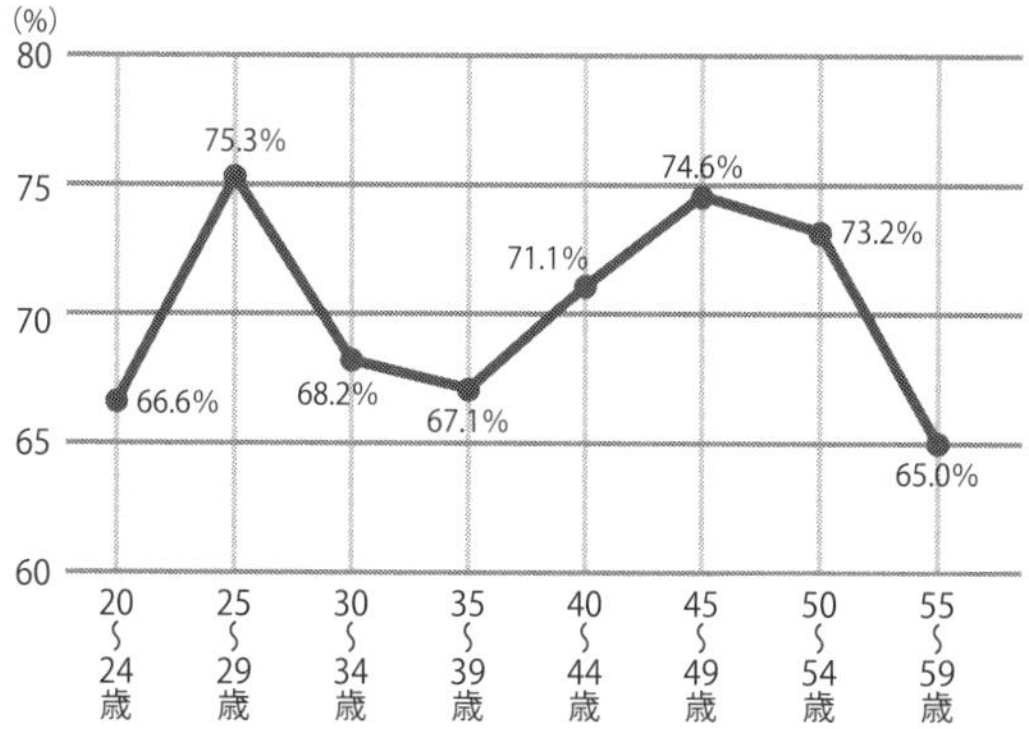


総務省「就業構造基本調査」2012

## 「夫婦と子供のいる世帯」の妻の有業率

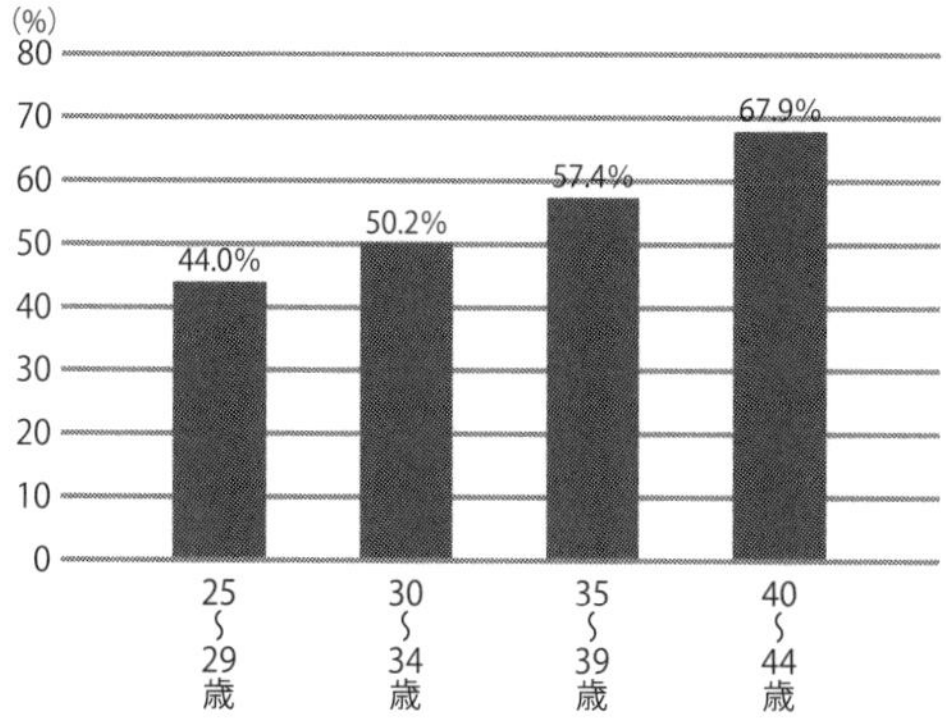


総務省「就業構造基本調査」2012

はわかります。しかし私は、育児休業や短時間勤務制度などの制度を賢く利用しながら、いまの会社で働き続けてほしいと思います。

たしかに子育ては大変です。私たちの家庭は、年子で3人の子どもが生まれましたから、幼かったころはそれはあわただしい毎日でした。ひとりが風邪をひくと、残り2人も風邪をもらって、家のなかは風邪ひきだらけになります。毎日の食事も戦場のようで、親はゆっくり料理を楽しむどころではありませんでした。

けれども子どもに手がかかるのは、しょっちゅう病気したり夜泣きしたりなどで大変な乳幼児期から、せいぜい小学校に入学するぐらいまでの一定の期間です。「そこを乗り越えたら楽になるから、今はがんばろう」と自分に言い聞かせて、踏みとどまってほしいと思うのです。

なぜなら正社員として働き続けるのと、子育てのために一度会社を退職したあとに再就職をするのとでは、生涯賃金がまったく違ってくるからです。

朝日新聞（2006年4月23日朝刊）では、正社員女性が出産や育児のために仕事を中断した場合と、そのまま正社員として働き続けた場合とでは、生涯賃金がどれくらい違うかについてのシミュレーションをおこなっています。

ちょっと記事は古いですが、当時と現在とでは正社員の賃金はほとんど変わっていませんから、いまでも参考にできると思います。

記事では大学卒業後22歳で正社員として就職した女性が、29歳のときに第1子、32歳のときに第2子を出産したと仮定してシミュレーションをおこなっています。

まず2人の子どもを出産したときに、1年の育児休業を2回ほど活用しながら、同じ会社で正社員として60歳の定年まで働き続けた女性の生涯賃金は、退職金を含めて2億5700万円になります。

ちなみに記事にはありませんでしたが、子どもを産まずに60歳の定年まで働き続けた場合の生涯賃金は2億7700万円です。

つまり育児休業を利用しながら同じ会社で働き続ければ、子どもを産まずに働き続けた人との賃金差は2000万円程度にとどめることができます。

これに対して、第1子の出産をきっかけに会社を辞め、38歳のときに別の会社に正社員として再就職した女性の生涯賃金は1億7200万円。

育児休業を利用して同じ会社で働き続けた女性と比べて、８５００万円もの差がつきます。

さらに第１子の出産をきっかけに会社を辞め、33歳のときにパートや派遣社員などの非正規雇用で再就職をした女性の生涯賃金は５７００万円、38歳のときに非正規雇用で再就職した女性の生涯賃金は、わずか５１００万円になってしまいます。育児休業を利用して同じ会社で働き続けた女性の４分１または５分の１程度の金額です。

## 「稼ぐ能力」と「稼ぐ手段」を手放してはいけない

いま正社員として働いている人は、自分のキャリアを中断させるようなことは、避けたほうがいいと思える記事でした。

第１子が生まれたときにはまだ年齢が若く、安月給かもしれません。

一方で働きながら子どもを育てるとなると、保育園の保育料などいろいろと出費がかさみます。「それなら仕事なんてやめて、子育てに専念しようかな」と思うかもしれませんが、仕事をやめることは、短期的には適切な選択のように思えても、長期的には大きな損失になるのです。

保育料を考えるとき対比されるべきは現在の報酬ではなく将来の報酬です。

私は契約社員や派遣社員の方にも、子どもが生まれたあとも働き続けてほしいと思っています。

これから日本は生産年齢人口がどんどん減って、人手不足の時代がやってきます。特に介護やＩＴなど、女性に対するニーズが高いサービス業分野で雇用が伸びていくことが予想されます。

ですから契約社員や派遣社員として働きながらスキルを磨くことをおこたらなければ、やがて正社員として採用される可能性は十分にあります。

女性が夫の収入とは別に経済的に自立できていることは、とても大切です。もし夫が病気などで倒れてしまっても、経済面では途方にくれずにすみます。

また万が一夫と不仲になったときでも、自分に経済力があれば、あまり悩むことなく離婚に踏み切ることもできます。

いまみなさんは、会社で働きながらキャリアを積みかさねることによって、「お金を稼ぐ能力」と「稼ぐための手段」を手に入れています。その能力と手段を、簡単に手放すようなことはしないでほしいのです。

# 仕事と生活の両立は、夫の家事への参加度がカギになる

## 夫は1週間で39分しか家事をしていない!?

妻と夫が家事を半分ずつ分担しておこなうのが当たり前という家庭と、妻に任せっきりという家庭では、妻にかかる負担はまったく違ってきます。

世のなかの夫は、いったいどれぐらい家事をおこなっているのでしょうか。

総務省の「平成23年度社会生活基本調査結果」（2011年）のなかに、その実情がわかる調査結果がありました。

夫が働いていて妻が専業主婦という家庭の場合、1週間で家事（育児を含む）に

かける時間の平均は、妻が7時間43分なのに対して夫は46分です。

では共働き世帯はどうかというと、妻が4時間53分なのに対して夫は39分。

つまり妻が専業主婦だろうが働いていようが、夫の家事時間にはまったく変化がないどころか、むしろ妻が働いている夫のほうが少ないぐらいなのです。

ちなみに1週間の家事時間が39分ということは、1日平均だとわずか5分半です。ほとんど家事をしていないといってもいいでしょう。


夫が家事をおこなう時間がこれだけ少ないとなると、女性が仕事と家庭を両立させるのは大変です。

ある会社で女性管理職を集めてディスカッションをおこなったときに、「これから仕事でパフォーマンスを発揮していくうえで、何が不安か」が話題になったことがあったそうです。

すると一番にあがったのは「体力」でした。

みなさん管理職になるぐらいですから、「能力」については不安は感じていないのですが、「体力」に自信がないというのです。

家事関連時間（育児を含む）の男女差

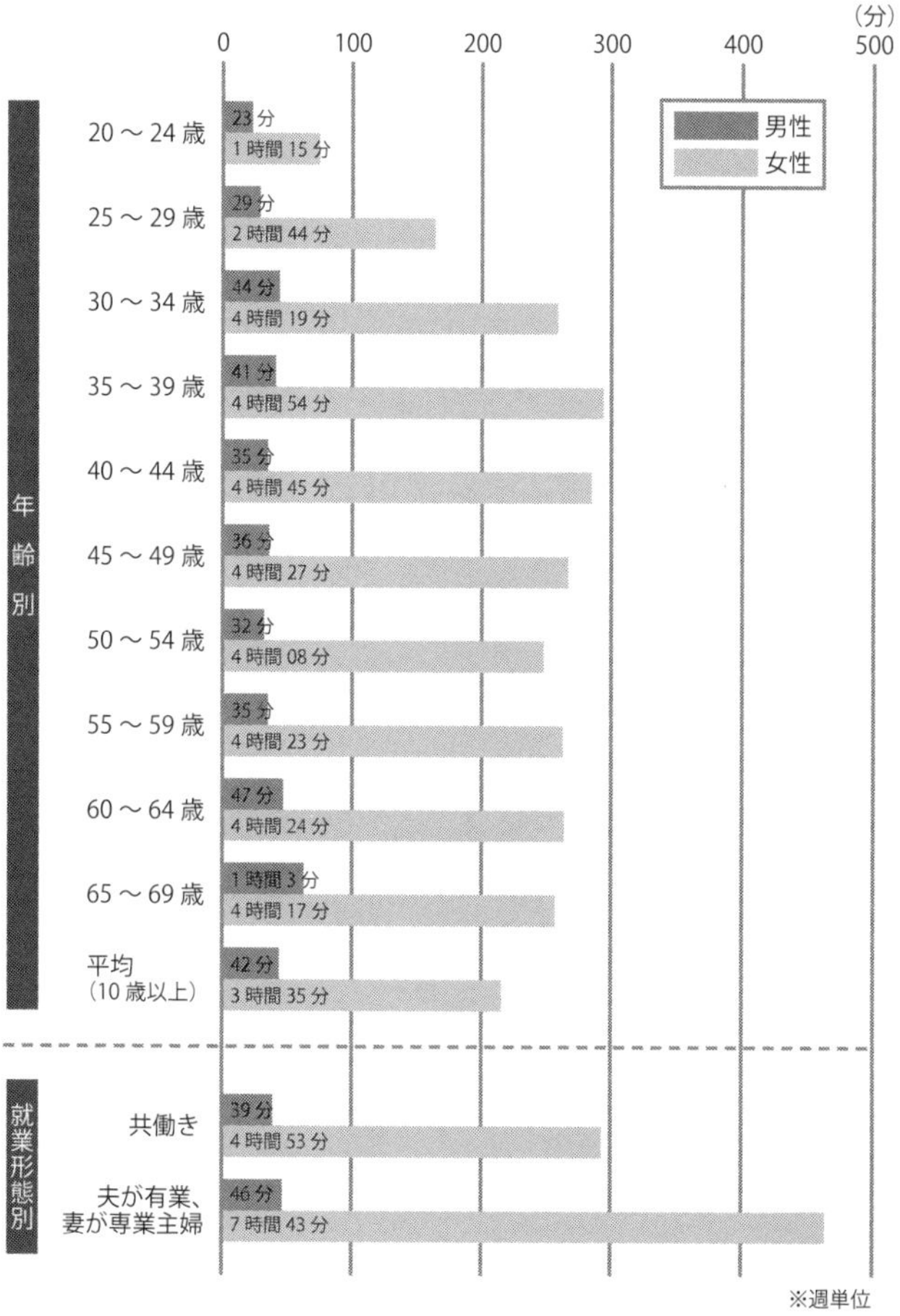


総務省「平成23年度社会生活基本調査結果」

ただし体力といっても、男性と同じように1日のほとんどを仕事だけに集中できるとしたら、「男性に負けない自信はある」と女性管理職の人たちはいいます。けれども女性の場合は、仕事に加えて、家庭では家事を担わなくてはいけないという現実があります。

仕事と家庭の両立は、子どもが生まれたり親の介護が始まったりすると、特に大変になります。

家事を一緒に担おうとしない男性は、子育てや介護についても、「それは女性の役割だ」とばかりに妻に押しつけがちでしょうから、夫のサポートは期待できません。

女性は家事も子育ても介護もほとんどひとりで負担しながら、仕事にのぞまざるを得なくなるわけです。

## 夫の家事力は、ほめて伸ばすが一番

そう考えると働く女性にとって一番大切なのは、結婚前に「この人は家事をシェアしてくれるか」という観点で、慎重にパートナー選びをすることだと思います。
理想的にはいわゆる「マメ男」を選ぶべきです。

ただし読者のみなさんのなかには、すでに家事に対する意欲がない男性と結婚してしまった人もいると思います。その場合は、夫を少しずつ「家事好き」に変えていくしかありません。

これまで家事をやったことがない男性は、当然ながら家事の初心者です。みなさんから見れば「どうしてそんな初歩的なことが……」と思えることが、わからなかったりできなかったりします。けれどもそこで「なんでそんなこともわからないの？」という態度を露骨にとると、夫は「じゃ、あなたがやれば？」とへそを曲げてしまいます。

だから最初のうちは「できるかどうか」ではなくて、「やろうとしてくれていること」に感謝の気持ちをあらわしたほうがよいようです。そして少しでもできたときには、「このお味噌汁、すごくおいしいよ。料理のセンス、あるんじゃない？」というふうにしっかりとほめます。少しずつその気にさせて、家事に対するアレルギーをなくすとともに、やる気を高めていくのです。

人間の心理として、頭ごなしに「あれをやって」「これをやって」と指示をすると、相手は反発します。いかに夫が自発的に家事に取り組むように仕向けていくかがポイントとなります。うまくいけばそのうち自ら創意工夫を凝らして家事に取り組むようになり、料理や掃除の腕を上げていくはずです。


夫に家事を担ってもらうことは、自分にとって仕事と家事の両立がやりやすくなるだけではなく、長い目で見たときに、夫にとってもプラスになります。

中高年の男性のなかには、家事がまったくできないという人がたくさんいます。こういう人が一番困るのは、妻が病気で倒れたり、妻に先立たれてしまったりしたときです。よく「妻は夫に先立たれても、すぐに立ち直って長生きする。でも夫は妻に先立たれると、がっくり来て短命になる」といわれます。

これは男女のメンタル面の違いだけではなく、生活能力の違いが大きいと思います。妻は夫がいなくても、身の回りのことは自分でできますが、家事を妻に頼り切っていた男性は、その日の食事にも困ってしまいます。

男は、妻のほうが先に死ぬなんてあまり考えていないところがあります。しかし実際にはそうとは限りません。先日も私の3人の知人が、相次いで50代後半の年下の奥さまを亡くされました。3人とも仕事人間で、家事のことは奥さまに任せっきりだったので、途方に暮れていました。

ですからもし自分が先立ったときに、夫にちゃんと自立して生活してもらうためにも、いまのうちから家事をする習慣をつけさせることが親切というものです。「これは夫のためでもあるんだ」と思って、夫の教育に取り組んでください。

## 仕事への思いを、夫に伝えていますか?

夫に家事に参加してもらうためには、「自分にとって仕事は生きていくうえで大切なものであって、家庭のことと同じぐらいに、仕事にもエネルギーを注いでいきたいと思っている」ことを、きちんと伝えることも大切です。

妻の仕事に対する本気度が伝わることで、これまでは家事に非協力的だった夫の態度が変わってくる可能性があります。「彼女は、自分と同じぐらいに熱い思いと志を持って仕事に取り組んでいる」ということがわかれば、妻を応援したいという気持ちが生まれてくるはずだからです。

「君も仕事が大変だろうから、食事のあとの皿洗いは僕がやるよ」

くらいのことは、いってくれるかもしれません。

共働き夫婦は「同志」という関係になるのが、やはり一番だと改めて思います。ともに家庭を守り、ともに社会で働く同志として、困ったときはお互いに助け合えるような関係になれれば、家事は妻に任せっぱなしということもなくなるはずです。

仕事に対する本気度を、夫に上手に伝えてみてください。

# 仕事も家事も優先順位がすべて

私も
仕事と家事を
両立させてきた

仕事と家庭を両立させている女性は、みなさん段取り上手になっていきます。会社でも家庭でも、やらなくてはいけないことが山のようにありますから、否《いや》が応《おう》でもそうならざるを得ないのです。

私も、仕事と家庭を両立させなければいけない時期が長い間続きました。

私の妻は病気を患ったことが原因で、やがて妻としての役割を果たしていない

という自責の念などからうつ病を併発。

40回以上も入退院を繰り返すことになりました。

妻が発病したとき、自閉症の長男は中学校2年生、次男は小学校6年生、長女は小学校5年生でした。みんな育ち盛り、食べ盛りの年齢です。

当時私は、毎朝5時半に起きて、子ども3人分の朝食とお昼の弁当を作っていました。おかずは前の日から決めているので、手際よく準備を進めていくことができます。そのかたわらで子どもたちを起こし、登校の用意をするように声をかけます。

そして7時すぎには家を出て、8時には会社に着くようにしていました。会社の仕事も、「ムダな会議をなくす」「会議は短く」「隙間時間を活用する」など、効率化を追求しました。

会社を出るのは、夕方6時。7時に帰宅したら、子どもにも手伝ってもらいながら、夕食作りに着手します。そして夕食後は、翌日の朝食と弁当の下準備をおこない、そのあと会社から持って帰ってきた仕事に取り組んでいました。

## 優先順位は決めるが完璧はめざさない

こういう話を男性にすると、「よくそんな生活ができていたものですね！」と驚かれることがあります。けれども仕事と家事や育児を両立させている女性であれば、みんな似たような生活を送っているものです。

仕事でも家事でも、段取りよく物事を進めていくための第一のポイントは、優先順位を明確に決めることです。

炊事、掃除、洗濯のうち、私が最優先したのは食事です。掃除は少々部屋が汚くても生きていけますし、洗濯は週末にまとめてやれば何とかなります。けれども育ちざかりの子どもの毎日の食事はおろそかにはできません。最優先事項を決め、それだけは確実に押さえるようにします。

逆に優先順位が低いものは、思い切って捨てるか、最小限の時間や手間ですませます。

限られた時間のなかで、すべてをこなすのは不可能だからです。これは仕事も家事も同じです。

また完璧をめざさないことも大事です。

私が朝の料理にかける時間はせいぜい15分か20分。栄養バランスは大事ですが、働きながら家事をしているわけですから、必要以上に凝る必要はないのです。

子どもたちは、それでもおいしく食べてます。

あとは徹底的な効率化です。

私は毎日の献立については、ボードに2週間分の表を作って、献立を思いついたときに表に書き込むようにしていました。すると週末になれば、表には翌1週間分の献立が埋まっています。それを見ながら買う食材をチェックし、日曜日にまとめ買いするのです。

また塩やしょう油といった調味料は、急に切れて困ることがないように、必ずスペアを用意していました。

すると「今夜の献立は何にしようかな」と迷ったり、料理の途中で、あわてて買いに行ったり、といったことがなくなります。
効率的かつ確実に家事をこなしていくことができます。

最優先事項を決めることと、効率化を図ること。そして完璧をめざさないこと。
仕事をしながら家事をこなしていくためには、この3つがポイントになります。
この3つさえ押さえておけば、どんなに忙しくても何とかなるものです。

# 夫と子どもを残して遠方に転勤できますか？

転勤するか、
それとも
家庭をとるか

工場や支店が全国にいくつもある会社で働いているビジネスパーソンにとって、転勤はつきものです。

私も大阪と東京を6回ほど異動しました。妻がうつ病で苦しんでいるさなかにも転勤を言い渡されたことがあり、個人の事情をまったく考えてくれない人事異動をうらめしく思ったこともあります。

いまの時代は総合職で働いていれば、女性も転居をともなう転勤を命じられる

ことが一般的になってきました。

独身であれば、さほど迷うことなく転勤することができるでしょう。でも結婚していて子どもがいるとなると、「会社の指示にしたがって転勤するか、それとも家庭をとるか」という選択に悩む人も多くなるはずです。

事実、転勤命令を受けたことをきっかけに、会社を辞める女性は多いようです。幼い子どもや、思春期でむずかしい年ごろの子どもがいる女性のなかには、「夫には十分な収入があるのだから、私がいまの会社で無理して働き続けるよりも、家庭を優先したほうがいい……」と考えて退職を選択するケースがあります。

一方で自分のキャリアアップを考えて、転勤を選択する女性も増えています。なかには自ら転勤の希望を出す人も出てきているのです。

将来管理職として上をめざそうと思えば、やはりさまざまなところで経験を積んでおくことが大切になるからです。

この場合は、夫の理解や協力が不可欠になりますが、最近は妻の仕事を積極的に応援する夫も増えています。私もそうした場面になったら、「ひとりで行っておいでよ。その間の家のことは私が見るから」といって、送り出したいと思います。

## 希望は声に出せば、会社も検討してくれる

会社から転勤を命じられたときに、「転勤すべきか、それとも断るべきか」については、それぞれの家庭の事情もありますし、一概にはいえません。けれどもたとえ断ったとしても、「辞める」という選択肢は選ばないでほしいと思います。というのは、会社も以前と比べれば、社員の希望を柔軟に受け入れるようになっているからです。

会社のなかには、結婚や出産、育児、介護などの家庭の事情がある人に、一時的に転勤を免除する制度を導入していることもあります。社員は免除制度を活用して転勤を断っても、昇進や昇格には影響ありません。

背景にあるのは、女性の離職率の高さです。転勤をきっかけに優秀な女性に辞められるのは、会社にとっても大きな損失です。そこで個人の家庭の事情を考慮した人事をおこなうようになってきています。

優秀な女性に辞められるのが痛手であることは、どこの会社も同じです。です

から免除制度がない会社に勤めている人でも、「辞める」という選択をする前に、会社と相談や交渉をすることが大切です。「自分もいろいろな経験を積みたいと思っているけれども、いまは家庭の事情が○○なので転勤は避けたい」と話せば、会社も検討してくれるものです。

ちなみに勤めていた会社では、夫婦ともに社員の場合、「夫か妻が東京から地方に転勤することになったときには、単身赴任になることを避けるために、一緒に地方に転勤させる」といった人事がおこなわれたケースがいくつかありました。

また私が東京本社に勤務していたときに部下だった女性は、新婚の夫が別の会社の名古屋支店に勤めていました。彼女は夫と一緒に住むことを希望していたのですが、そのときはできませんでした。そこで夫の勤務先の人事部に頼んで、夫のほうを東京勤務にしてもらったことがありました。

このように、会社は案外柔軟なものなのです。

もちろん会社には会社の事情や方針がありますから、当然こちらの希望を聞き入れてもらえないこともありますが、最初からあきらめることはないのです。

希望は自ら表明しなくてはいけません。

# 親の介護に備えて
# いまから考えておきたいこと

子どものあなたが
親の健康アドバイザーに！

子どもがいる女性の多くが、「仕事と子育ての両立をどうやって図っていくか」ということに、頭を悩ませています。とはいえ子どもが中学生にもなれば、さすがに子育てのあわただしさからは解放されます。

いまは、女性の初産の平均年齢は30歳、２人目は32歳だそうです。ということは、多くの人は40代半ばぐらいには子育ても一段落して、そのあとは仕事に集中できる年代になるといえます。

ところが50代に入ったぐらいから、今度は「仕事と子育ての両立」の悩みにかわって、「親の介護をどうしていくか」という課題が新たに出てきます。

総務省が２０１２年におこなった「就業構造基本調査」によれば、働きながら介護をしている女性の割合は、55歳〜59歳の年代が一番多く、26・５％となっています。その次が50歳〜54歳で19・９％です。これから日本の社会は高齢化が進みますから、この割合は今後も増えていき、「仕事と介護の両立」の問題は、大きな社会問題になります。

若い人には、「親に介護が必要になったときにどうするか」の前に、まずは「できるだけ親を介護が必要な状態にしないためにはどうするか」を考えるほうが先だと思います。

私は自分の母親の介護について、反省していることがあります。母は糖尿病を患い、それが原因となって合併症を引き起こし、長い闘病生活の末に亡くなりました。

いま振り返れば、母は病気になる前から、ちょっと偏った食事をしていました。母は秋田に住んでいましたから、私も帰省したときには、「その食事だとバランスが悪いよ」と話してはいたのですが、普段の健康管理まではできていませんでした。けれどもたとえ距離は離れていても、もう少し食事のことを気にして何かと注意をしていれば、糖尿病にならずにすんだかもしれないのです。

私は親がある一定の年齢に達したら、子どもは健康アドバイザーになったつもりで親に積極的に接するべきだと思います。

同居をしている場合は、日々の食事に気をつけ、散歩や運動をするようにうながすことが大切です。また同居をしていなくても、電話や手紙、メールなどで、「テレビで見たけど、血圧が高い人はこういう食事が良い」とか「こういう運動をすると、足腰の衰えを防げる」といった情報をこまめに伝えるとともに、親がどんな生活を送っているかをきちんとつかんでおくことが大事です。

高齢者でも食事や運動に気をつけることで、要介護にならずに長寿を保つことができたり、介護が必要な期間を短くすることが可能になったりします。

私のように、「元気なうちにこうしておけば……」という後悔はみなさんにはしてほしくありません。

## 誰が介護しているのか

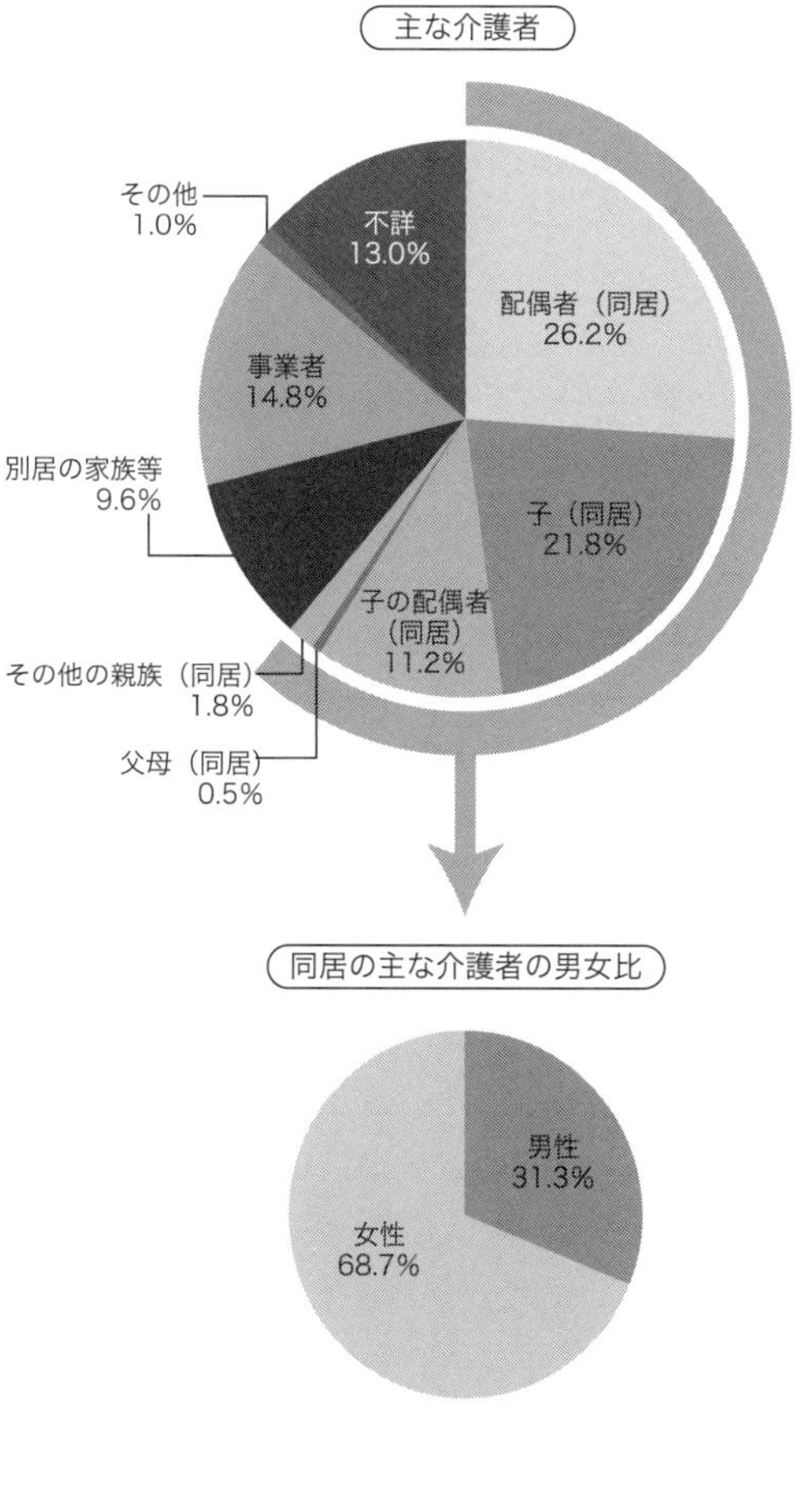


厚生労働省「国民生活基礎調査」2013

## 制度を活用しつつ、まわりの人のサポートを上手に得る

親の健康には十分に注意をしたうえで、それでも親が要介護になったときに大切になるのは、「いろいろな制度やサービスをしっかりと活用することと、まわりの人のサポートを上手に得ること」です。

子育てと介護とでは、大きな違いがあります。それは子育ては「いつ一段落するかがわかりやすい」が、介護については「どのくらいの介護が、いつまで必要になるかがわからない」ということです。

子育ての場合は、「いまは大変だけど、小学校に入れば少しは落ち着くからがんばろう」というふうに、見通しが立つぶん無理がききますが、介護はそうはいきません。

介護の場合は、長期戦でのぞむ必要があります。精神面や肉体面、経済面で負担が増して、自分自身が倒れてしまってはいけません。

最近、介護のために仕事を続けられなくなり、いわゆる「介護離職」をする人の増加が社会問題になっています。

介護離職者の多くは、本当は仕事を続けたかったという人たちです。けれども長時間労働が常態化しているなど、仕事と介護を両立させるための環境が整っていなかったために、やむを得ず離職という道を選ぶわけです。

会社を辞めれば、当然収入は途絶えてしまいます。

そのため多くの人は、残業がないなどの仕事と介護の両立が可能な再就職先を見つけようとするのですが、なかなか簡単なことではありません。

見つかっても、待遇面では前より悪くなるケースがほとんどです。

ですから一番いいのは、介護離職は最終的な手段と考え、できるだけいまの会社で働き続けられる方法を追求することです。

まずは、仕事と介護の両立のための支援制度を活用します。

国の育児・介護休業法では「介護のために、通算93日まで介護休業を取得すること」や、「1年に5日まで、介護の必要がある日に介護休暇をとること」ができるとされています。

また介護をしている人に対して、短時間勤務やフレックスタイムなどの措置を講じることも義務づけています。

介護休業制度は利用率が低いことが課題となっていますが、自分の仕事と生活を守るための大切な権利なので、遠慮なく利用すべきです。

会社によっては介護休業や介護休暇の延長、介護費用の補助など独自の両立支援をおこなっていたり、自治体もさまざまな介護関連の支援制度やサービスをおこなっていますから、こうしたものを活用しつくすことが大事です。


そしてもうひとつ大切なことは、職場で一緒に働いている同僚からの協力を得ることです。そのためには自分の家庭の事情を職場でオープンにすることがポイントになります。

私の場合はうつ病の妻と自閉症の長男のことを話しました。

すると「実は私も父が病気でして……」といったように、部下もプライベートで抱えている事情を打ち明けるようになったのです。

このように、職場のなかで、だれがどんな事情を抱えているかがわかるようになると、お互いに助け合う雰囲気が生まれてきます。たとえば仕事が忙しいときでも、家庭の事情を抱えている人には、「ここは私たちがやっておくから、〇〇さんは今日は帰って」と気持ちよく送り出すことができるようになるのです。

その日助けてもらった人は、別の場面ではほかの人の助けになるということもあります。

制度を活用することと、まわりの人たちの理解と協力を得ることが大事です。

終章

# 女性と男性が50対50で働ける社会にするために

# これからの社会では女性の生き方、働き方はこう変わる

## 国や企業が女性活用を推進する理由

いまでは信じられないことですが、昔は男女で定年に格差を設けている企業が数多くありました。

男性の定年は55歳や57歳だったのに対して、女性は30歳ぐらいの年齢で、強制的に退職させられていたのです。

当時の会社は女性に対して、補助的な業務しか求めていませんでした。

女性は勤続年数をかさねても、重要な仕事を任されることはありません。

でも年功序列で賃金だけは上がっていくので、人件費を抑えるためにも女性は早く退職させられていたのです。

それに当時は男性は若い女性が職場にいることを好んだこともあるでしょう。

定年格差は1970年代ごろまで残りました。

そのころにはさすがに女性の30歳定年はなくなってきたものの、男女で5歳から10歳の差をつける会社はめずらしくありませんでした。

当時よくいわれた「女性が自分の力で生きていきたいのなら、学校の先生か看護師になるしかない」という言葉にはそうした背景があったのです。

仕事に対して前向きな女性にとっては、なんと生きにくい社会だったのだろうかと思います。

いまのように「女性活躍推進」とか「女性が輝きながら働ける社会を実現する」といった言葉が、日常的に飛び交うようになったのには、「本来男と女は能力は変わらないはずなのに、女性だけ、自己実現や就業機会を奪われるのはおかしい」という感覚を多くの人が持つようになったことと、もうひとつは社会や企業の側の事情です。

少子高齢化で、今後確実に働き手が不足していき、２０１０年に約８２００万人だった生産年齢人口（15歳〜64歳）は、２０４０年には約５８００万人になると予測されています。30年間でなんと約３割も減ってしまうのです。

働き手が減少すると、日本の経済は縮小し、企業は売上を確保できず、消費も低迷することが予想されます。

そこで国や企業は、もっとたくさんの女性に働いてもらおうと躍起になっているわけです。

## あなたの働き方が新しい時代のロールモデルになる

といっても、昔の男性社員のように仕事中心の猛烈サラリーマンになることを、女性に求めているわけではありません。女性が仕事とプライベートを両立できる社会にしていくことをめざしています。

**生産年齢人口の推移**

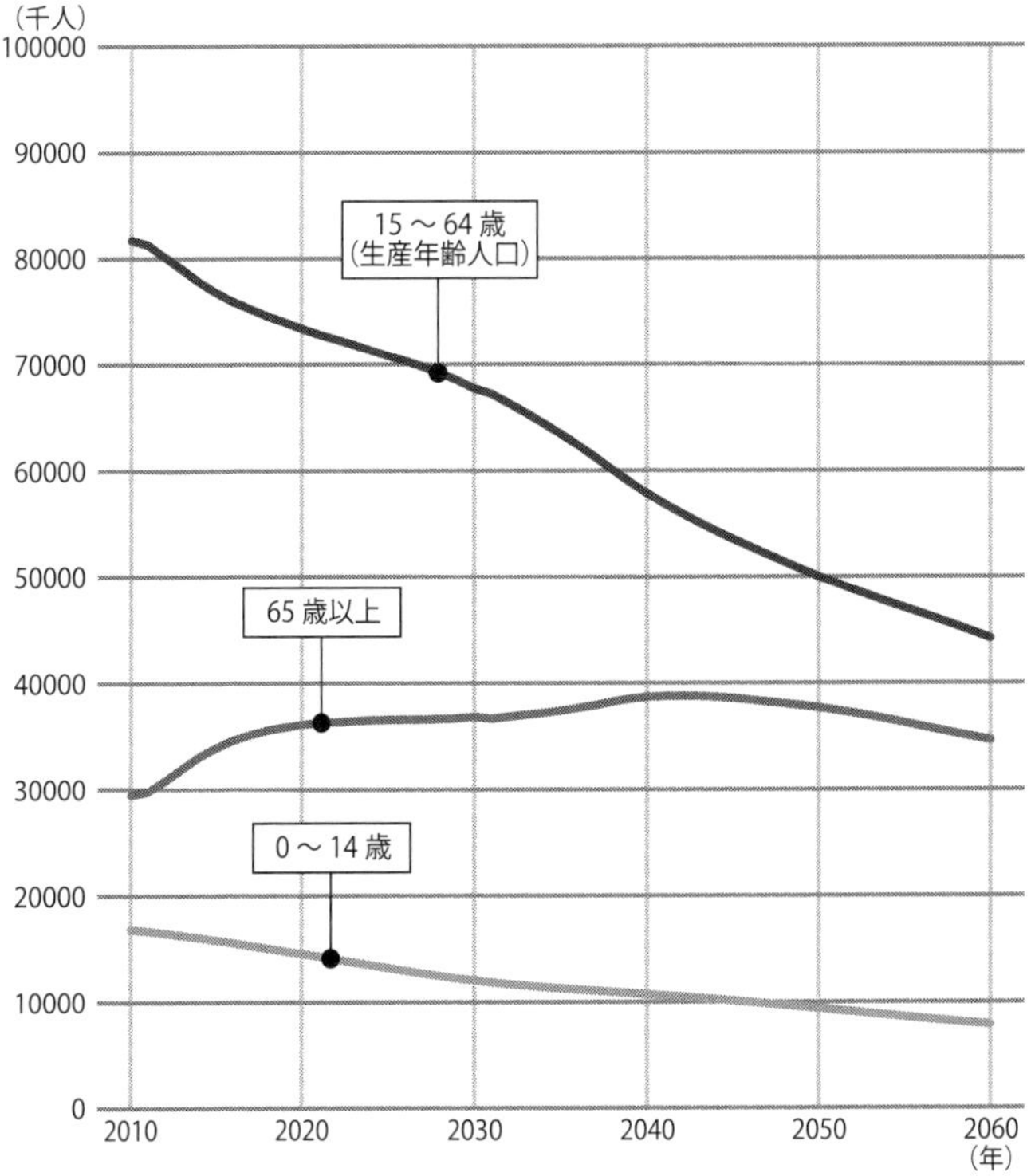


※出生中位・死亡中位による推計

国立社会保障・人口問題研究所「日本の将来推計人口」2012

「バリバリ仕事がしたい」という人もいれば、「プライベートを大切にしたい」という人もいるでしょう。

とはいえ「仕事だけの人生」や「プライベートだけの人生」で良いという人は少ないでしょう。

「できれば仕事もプライベートも」という人がほとんどだと思います。

仕事もプライベートも充実しているほうが、私も豊かで幸せな人生になると思います。

仕事というのは崇高なものです。

私たちは仕事を通して「社会に参加し、貢献できている」という実感と、むずかしい仕事を成し遂げるたびに「確実に成長できている」というよろこびを味わうことができます。

一方でプライベートも大事です。趣味を持つことは、人生を豊かで楽しいものにします。また何でも本音で語り合える友人がいることは、心の支えになります。

それに結婚をすれば、大切なパートナーと愛情や信頼を深め、二人三脚で家庭を営んでいきますが、これはなにごとにもかえがたい経験です。

「女性の社会進出が進むと、仕事が忙しくて子どもを育てる余裕がなくなるので、少子化が進むのではないか」と考える人もいます。

ところがスウェーデンやアイスランドなど、女性の社会進出を進めながら、なおかつ高い出生率を実現している国もあります。両立支援制度を充実させることで、働きながら子育てがしやすい環境を整えていったのです。

今後日本もそうなるためには、支援制度を充実させるとともに、正社員の長時間労働を改めることが不可欠になります。

夜の9時や10時まで働くのが当たり前というのでは、子どもを産み育てることは不可能です。

職場全体として、短い時間で効率よく成果を上げていく働き方を追求することで、残業がないのが普通という状態にしなくてはいけません。

女性も男性も早く帰れるようになれば、お互いに協力しながら子育てができるようになります。

さらに共働きが標準になれば、収入は単純に考えれば2倍になるわけですから、生活にも余裕が出てきます。

経済的な理由で、子どもを産むのをあきらめることもなくなります。女性が働いているからこそ、安心して子育てができる社会になるのです。

女性が家庭での生活を大切にしながらも、働ける社会を作ることは、男性にとっても生きやすい社会であるといえます。

これまで女性が仕事をあきらめて家庭をとらざるを得なかったのと同じように、男性も家庭を犠牲にして仕事に没頭せざるを得ませんでした。

しかし長時間労働が改められれば、男性もまた「仕事も家庭も」という生き方を実現することが可能になります。

いまはまだこうした社会に移行する過渡期にあります。

仕事と子育ての両立を支援する制度は、ようやく整いつつあるというところです。国は女性リーダーを増やすことを目標に掲げていますが、こちらはまだ端緒《たんしょ》についたばかりです。人々の意識も十分に変わっているとはいえません。

そうしたなかで私たちに大切なのは、ともかく働き続けることだと思います。

働き続けることで、女性が仕事をしていくうえでの課題が明らかになり、その課題を解決することで社会が一歩ずつ前進していきます。

女性一人ひとりが「新しい時代のロールモデルになる」という気持ちで働き続けることが、社会を変える力となります。

# 職場のなかに「あなたならでは」の視点を持ち込もう

## モノカルチャーだった日本の企業に風穴を開けるのは女性

私はダイバーシティ社会（多様性のある社会）の推進論者です。女性も男性も、子どもや若者や中高年も、日本人も外国人も、健常者も障がい者も、だれもがそれぞれの違いを受け入れながら、持っている能力を発揮できる社会のことをダイバーシティ社会といいます。

私がダイバーシティを大切だと思うのは、「これまで社会や企業のなかでマイノリティだった女性や外国人、障がい者にとって、そのほうが生きやすいから」と

いう理由だけではありません。

ダイバーシティを実現している社会や企業のほうが、なにごとにも強いからです。

長らく日本の企業は、男性中心のモノカルチャー（単一的）な組織でした。同質性の高い組織は、トップが号令をかけたら同じ方向に向かって一斉に走り出すことができるので、確かにスピード経営が可能です。けれどもそうした集団は、多様な視点から物事を見ることができないため、間違うときにはみんなで間違うということが起きます。

また新しい発明や発見は、異なる発想や経験が組み合わさったときに生まれやすいといわれていますが、同質性の高い組織ではメンバーの発想や経験がみんな似たり寄ったりなので、発明や発見は起きにくくなります。

私も中途入社の部下から「どうしてこんな会議を毎日する必要があるのですか」「なぜこんな分厚いレポートを毎週書かなくてはいけないのですか」ときかれて、ハッとさせられたことがあります。同質性の高い集団のなかにいると「当たり前」と感じていることが、違う世界から来た人間にとっては「不思議なこと」に映るのです。その違和感を受けとめることによって、改善や改革が可能になります。

ですから男性中心のモノカルチャーな組織のなかに、女性がコアメンバーとして加わっていくのは、とても大きな意味を持つことです。これまでモノカルチャーだった日本の企業に、風穴を開ける存在になるからです。


女性は結婚して子どもができると産休や育休などで組織を離れなくてはいけない時期があるので、人事評価では男性よりも不利になることがあります。

私は、「女だから」「男だから」といったように、性別で人間をひとくくりにするような考え方は、あまり好きではありません。女性や男性のなかにも、多様な人がいるからです。

けれども一方で、女性と男性とでは違うのも事実です。

妊娠、出産ができるのは女性だけですし、友人や知人とのネットワークの築き方、興味関心を持つ対象やモノの見方などは、女性と男性とでは異なります。

また未婚であるのなら、既婚者とは社会に対して違った感じ方やモノの見方をしているはずです。企画系の仕事についている人であれば、違ったモノの見方や感じ方を生かして、アイデアを発信していくこともできるはず。

人と違ったり、マイノリティであったりすることは弱点ではありません。ダイバーシティ組織においては強みにできるのです。

## 意見を臆せずに口にするには

斜めドラム洗濯機やチャイルドシート、ノンアルコールビールなどは、女性社員のアイデアによって生まれた商品とのことです。

斜めドラム洗濯機やチャイルドシートは、家事や子育てをしている女性ならではの発想です。ノンアルコールビールにしても、男性にとってビールは「酔っ払ってなんぼ」という人が大方だと思われますが、女性の場合は「酔っ払いたくはないけれど、雰囲気は味わいたい」という人も多いようです。ノンアルコールビールは、女性自身がその潜在ニーズに気づいたからこそ誕生し、新たな市場の開拓につながりました。

このように、組織のなかで働くときには、「男性が持っていない女性ならではの視点」や「自分ならではの視点」をいつも意識することが大切です。

会議の場面などでも、男性社員が発言したときに「それは男性の立場からの偏った考え方だな」と感じることがあるかもしれません。

そんなときには、相手の考えを尊重しながらも、自分の意見も臆せずに口にしてほしいと思います。すると当然チームのなかに衝突（コンフリクト）が発生します。けれどもよりよい答えは、異なる意見や発想がお互いにぶつかり合うなかから見つかるものです。

「彼女の意見や発想は、いつもチームを活性化してくれるよね」

といわれる存在になります。

男性と女性にはさまざまな違いがあります。その違いをムリに埋めようとするのではなく、お互いのよい部分を認め合い、生かし合うことで、女性が社会のなかで輝き、よりよい社会を作っていくことができるのです。

# おわりに　あとに続く女性のためにいまできること

## 「ただリーダーがいるだけ」の社会をめざす

理系の研究や仕事に携わっている女性のことは今では「リケジョ」と呼ぶようになりました。ところが先日新聞の投書欄に、「『リケジョ』という言葉はおかしい。理系に進む女性を特殊なものととらえている。男女差別だ」という意見が掲載されていました。

実際、理系の女性のなかにはこの言葉を嫌う人が多いようです。

「女性であるというだけで、注目されるのはイヤ。研究に女性も男性も関係ない。研究内容や成果で、私を評価してほしい」というのです。

気持ちはよくわかります。でもこれは現状では、やむを得ないことです。女性が役員になると女性執行役員と呼ばれ、経営者になると女性経営者と呼ばれます。

なぜならそうした世界では、残念ながらまだ女性の存在がめずらしいからです。だから必要以上に「女性である」ことが注目されてしまうのです。

これが理系に進む女性や、会社のトップになる女性が全体の半数を占めるようになれば、誰もリケジョや女性経営者などという言葉は使わなくなります。

男性の場合も、育児に積極的な人のことを「イクメン」といいますが、わざわざあんな呼び方をするのは、育児に消極的な男性のほうが大多数だからです。

ですから私たちがめざすべきなのは、リケジョや女性経営者という言葉が男女差別だからといって、使わせないようにすることではなく、誰もが自然と使わなくなるような社会にしていくことです。

アメリカでも、女性がリーダー職につくといまだに「女性リーダー」と呼ばれます。

でもリーダーになる男女の割合が50対50に近づけば近づくほど、女性リーダーはリーダーとしか呼ばれなくなり、そこには「ただリーダーがいるだけ」になります。シェリル・サンドバーグは次のように書いています。

私たちの努力で、次の世代を女性リーダーの最後の世代にすることができるかもしれない。その先は、もう女性リーダーはいない、ただリーダーがいるだけだ。

シェリル・サンドバーグ『LEAN IN』(日本経済新聞社刊)

## 子どもたちから、感謝される社会を作ろう

では女性のリーダーが「女性リーダー」ではなく「リーダー」と呼ばれるようになるためには、どうしていけばいいのでしょうか。

先日私は、部長職をつとめている女性に、親しくさせてもらっていることもあってこんなことを伝えました。

「あなたはこれから役員をめざさなくてはいけません。それは自分のためではな

く、あとに続く女性たちのためにです。女性がリーダーになるのが当たり前の時代にするために、あなたには道を切りひらいていく責任があります。そのぶん人よりもちょっと重い荷物を背負わなくてはいけなくなるけれども、覚悟を決めなさい。私は応援していますよ」

現政権では、「２０２０年までに、指導的な地位に占める女性の割合を少なくとも30％程度にする」という目標を掲げています。

こうした時代の流れもあって、圧倒的な男社会だった企業のなかでも、少しずつ女性役員が誕生しつつあります。

けれども彼女たちに対しては、風当たりが強いのも事実です。

「女性だからというので下駄をはかせてもらって出世をしたけれど、本当にそれだけの実力があるのか」

といった冷ややかな目で見ている男性社員も、なかにはいるからです。

これまで男だけの社会でやってきた男性にとっては、既得権を奪われるのがイヤなのでしょう。

彼女たちは、そうしたプレッシャーのなかで結果を残すことを求められています。でも女性でもリーダーとしてやっていけることを証明できれば、あとに続く人たちが楽になります。

リーダーになるためのハードルを下げることができます。

女性がリーダーになるのが、普通の時代がすぐ近くに来ます。

ですからあとに続く女性たちのために、みなさんには人よりもちょっと重い荷物を背負ってがんばってほしいのです。

ちょっとがんばることが大切なのは、役員や部長といった組織のなかでリーダー層にいる女性だけではありません。

おのおのの持ち場で、自分のことだけではなく、あとに続く女性のことを考えながら、ちょっとだけがんばっていけば、女性が置かれている環境を少しずつ変えていくことが可能になります。

そして女性が活躍する社会が男性を含めた社会を活力あるよりよいものに変えていくのです。

男女雇用機会均等法が施行された１９８６年に新入社員だった女性たちは、いまでは50代前半になりました。そのころ生まれた女の子たちは、もう30歳になろうとしています。

もし30歳前後の女性たちが当時の職場の様子を知れば、いまとのあまりの違いに驚くことでしょう。そして、

「これだけ女性が働きやすい時代になったのは、みなさんの世代が努力をかさねてきてくれたおかげなんですね。ありがとうございます」

と、男女雇用機会均等法第1世代の女性たちに、感謝の言葉を述べてくれるのではないでしょうか。

同じように、いま保育園児や小学生、中学生の女の子たちが10年後や20年後に社会人になったときに、みなさんに対して、

「みなさんが若かったときは、女性が働くのが大変だったんですね。私たちがこんなにいきいきと働くことができているのは、みなさんが道を切りひらいてくれたおかげです」

と、言ってもらえる社会にしたいものです。

あとに続く女性たちのために、「自分たちが社会を変えていく」という意識を持って、いま自分ができることに取り組んでいただければと思います。

このたびは『働く女性たちへ～勇気と行動力で人生は変わる』をお買い求めいただきまして、誠にありがとうございました。本書のテーマにつきまして、ご自身の体験やご感想などをお寄せいただけましたら幸いです。今後の企画・編集の参考にさせていただきます。

ＷＡＶＥ出版編集部
〒１０２―００７４　東京都千代田区九段南４―７―19
info@wave-publishers.co.jp

佐々木常夫　Tsuneo Sasaki

秋田市生まれ。1969年、東京大学経済学部卒業後、東レ株式会社に入社。家庭では自閉症の長男と肝臓病とうつ病を患う妻を抱えながら会社の仕事でも大きな成果を出し、2001年、東レの取締役、2003年に東レ経営研究所社長に就任。内閣府の男女共同参画会議議員、大阪大学客員教授などの公職も歴任。「ワーク・ライフ・バランス」のシンボル的存在である。

著書に『ビジネスマンが家族を守るとき』『部下を定時に帰す仕事術』『そうか、君は課長になったのか』『働く君に贈る25の言葉』『リーダーという生き方』（小社刊）、『後悔しないこれからの働き方』（中経出版刊）、『定年するあなたへ』（サンマーク出版刊）、『決定版 上司の心得』（角川書店刊）、『人生の折り返し点を迎えるあなたに贈る25の言葉』（講談社刊）、『50歳からの生き方』（海竜社刊）、『それでも人を愛しなさい』（あさ出版刊）、『それでもなお生きる』（河出書房新社刊）、『会社で生きることを決めた君へ』（PHP研究所刊）など多数。

2011年ビジネス書最優秀著者賞を受賞

●オフィシャルWEBサイト　http://sasakitsuneo.jp/

# 働く女性たちへ

勇気と行動力で人生は変わる

2016年4月3日 第1版第1刷発行

著　者　佐々木常夫

発行者　玉越直人

発行所　WAVE出版
〒102-0074
東京都千代田区九段南4-7-15
TEL 03-3261-3713
FAX 03-3261-3823
振替 00100-7-366376
E-mail: info@wave-publishers.co.jp
http://www.wave-publishers.co.jp

印刷・製本　中央精版印刷





NDC916 208p 19cm
ISBN 978-4-87290-791-9